遼史補注

〔元〕脱脱 等撰
陳述 補注

第六册
卷四一至卷四六（志一一）

中華書局

遼史補注卷四十一

志第十一

地理志五

西京道

西京大同府，〔一〕陶唐冀州之域。虞分并州。夏復屬冀州。周職方，正北曰并州。戰國屬趙，武靈王始置雲中郡。秦屬代王國，後爲平城縣。〔二〕魏屬新興郡。晉仍屬雁門。劉琨表封猗盧爲代王，都平城。〔三〕元魏道武於此遂建都邑。孝文帝改爲司州牧，置代尹，遷都洛邑，改萬年，又置恒州。高齊文宣帝廢州爲恒安鎮，今謂之東城，尋復恒州。周復恒安鎮，改朔州。〔四〕隋仍爲鎮。〔五〕唐武德四年置北恒州，〔六〕七年廢。貞觀十四年移雲中定襄縣於此。〔七〕永淳元年默啜爲民患，移民朔州。開元十八年置雲州。〔八〕天寶元年改雲中郡。乾元元年曰雲州。乾符三年，大同軍節度使李國昌子克用爲雲中守捉使，殺防禦使，據州以聞。僖宗赦克用，以國昌爲大同軍防禦使，不受命。〔九〕廣明元年，李琢攻國昌，國昌兵敗，與克用奔北地。黄巢入京師，詔發代北軍，尋赦國昌，使討賊。克用率三萬五千騎而南，收京師，功第一，國昌封隴西郡王。國昌卒，克用取雲州。〔一〇〕既而所向失利，乃卑詞厚禮，與太祖會于雲州之東城，謀大舉兵攻梁，不果。克用子存勗滅梁，是爲唐莊宗。同光三年，復以雲州爲大同軍節度使。晉高祖代唐，以契丹有援立功，割山前、代北地爲賂，大同來屬，因建西京。

敵樓、棚櫓具。廣袤二十里。門，東曰迎春，南曰朝陽，西曰定西，北曰拱極。元魏宫垣占城之北面，雙闕〔一一〕尚在。遼既建都，用爲重地，非親王不得主之。〔一二〕清寧八年建華嚴寺，奉安諸帝石像、銅像。〔一三〕又有天王寺、留守司衙，南曰西省。北門之東曰大同府，北門之西曰大同驛。初爲大同軍節度，重熙十三年升爲西京，府曰大同。〔一四〕

統州二、縣七：

〔一〕今山西大同市。

〔二〕雲中郡、平城縣俱不在此，秦亦無代王國。索隱卷五：「秦初虜代王嘉置代郡，秦亡有代王歇，秦何嘗有代國。」又云：「漢志雁門郡平城故城，在大同府東無憂陂。」

〔三〕索隱卷五：「志以此誤爲秦、漢代郡。」

〔四〕索隱卷五：「改下當有隸字。隋志：馬邑郡，舊置朔州，其所統縣，一曰雲內。注：後魏立平齊郡，尋廢。後周改曰雲中。開皇初改曰雲內。有後魏都，置司州。又有後齊安遠、臨塞、威遠、臨陽等郡，屬北恒州。後周並廢。此周廢恒、代爲恒安鎮外，又有雲中縣隸朔州也。志失之。」

〔五〕隋書卷三〇地理志：「馬邑郡舊置朔州，開皇初，置總管府。」又卷六一郭衍傳：「（開皇中）選授朔州總管，所部有恒安鎮。」是可爲元和志證。

〔六〕按新唐書地理志卷三九作武德元年置。舊唐書地理志卷三九作武德六年。

〔七〕索隱卷五：「按兩唐志並云：自朔州北定襄郡移，以隋開皇二十年已自榆林郡金河縣移雲州總管府於定襄郡也，雲州再移。志遂誤以爲即漢雲中郡。」

〔八〕雲州，原誤「雲中州」。據新唐書地理志卷三九改。舊唐書地理志卷三九作開元二十年。

〔九〕通鑑地理通釋卷一四石晉十六州考：「雲州雲中郡，貞觀十四年自朔州北定襄城徙治定襄縣治，雲中縣本馬邑郡雲內之恒安鎮，武德元年置北恒州，貞觀十四年置定襄縣，開元十八年更名，天寶元年曰雲中郡，升大同軍節度。會昌三年置大同都團練使，治雲州。乾符五年升大同都防禦使爲節度使。」

〔一〇〕州，原誤「南」。據本史卷一太祖紀及新五代史卷四改。索隱卷五：「此唐大順二年二月攻赫連鐸事。」

〔一〕水經注卷一三：「平城，王莽之平順也。魏天興二(元)年遷都於此。太和十六年，破太華、安昌諸殿，造太極殿，東西堂及朝堂，夾建象魏、乾元、中陽、端門、東、西二掖門、雲龍、神虎、中華諸門，皆飾以觀閣。」魏道武遷都平城，魏書在天興元年。山西通志卷五七：後魏宮垣在大同府城北門外，有土臺東西對峙，蓋雙闕也。後爲天王寺。

〔二〕近年出土瓦硯，有款識：「西京仁和坊李讓羅土澄泥硯瓦記。」見全遼文卷一二。可見西京有仁和坊，有制硯工藝。

〔三〕汪承爵大同府志：「華嚴寺在府城含和坊，遼建。奉安諸帝石像銅像，計石像五，銅像六，内一銅像袞冕垂足而坐，餘俱常服。」元史卷一五三石天麟傳：「江南道觀，偶藏宋主遺像，有僧素與道士交惡，發其事，將置之極刑，帝以問天麟，對曰：『遼國主、后銅像在西京者，今尚有之，未聞有禁令也。』事遂寢。」張煦等山西通志卷五七：「華嚴寺在大同府城西門内，寺中北閣下銅石像數尊，相傳遼帝后像。凡石像五，男三女二，銅像六，男四女二，内一銅人，袞冕帝王之像，垂足而坐，餘皆巾幘常服危坐。」華嚴寺分上、下寺，今仍保存較完整。坐西向東，漢式建築，保存契丹東向之俗。雖歷經重修，規制猶存。下寺正殿額曰薄伽教藏。薄伽者薄伽梵之畧，又曰婆伽婆，譯曰世尊。故薄伽教即佛教，因存佛經，故以題額。下華嚴寺殿内北樑有重熙七年題記：「推誠竭節功臣、大同軍節度、雲、弘、德等州觀察處置等使、榮禄大夫、檢校太尉、同政事門下平章事、使持節雲州諸軍事行雲州刺史、上柱國、弘農郡開國公、食邑肆仟户、食實封肆佰户楊又玄。」（見全遼文卷七大同縣薄伽教藏木椠題記。）

又有天王寺、大普恩寺，見劉致平大同及正定古代建築勘察紀要，載於一九五一年二月中央人民政府文化部文物局雁北文物勘查團報告。

〔一四〕山西通志：「張起巖崇文堂記云：『雲中，在遼、金爲陪京，學即遼國子監，宏敞静深冠他所。』」又曰：「梳裹樓，在大同府城西北隅，相傳遼蕭太后居此，遺宇尚存。」

警巡院見全遼文卷一〇董承德妻郎氏墓誌。

皇統七年曹衍大金西京武州山重修大石窟寺碑（見輯本析津志寺觀）：「十寺之外，西至懸空寺，在焦山之東，遠及一舍，皆有龕像。唐貞觀十五年，守臣重建。遼重熙十八年，母后再修，天慶十年，賜『大』字額。咸熙五年（金避雍字），禁山樵牧，又差軍巡守，壽昌五年，委轉運使提點，清寧六年，又委劉轉運監修。先是亡遼季世盜賊羣起，寺遭焚刦，靈巖棟宇，掃地無遺。」據調查挖掘，知遼代在雲岡工程浩大，殆經興宗、道宗、天祚累朝重修者。

乾隆大同府志卷一五：「觀音堂，府城西十五里佛字灣，遼重熙六年建。」今觀音殿内尚存遼代所雕觀音石立像一軀。觀音堂西石崖上刻有雙鈎巨大「佛」字，約爲遼代遺跡。見王遜雲岡一帶勘察記（一九五一年刊於雁北文物勘查團報告）。據勘查，遼人在此等石礎、石窟之前，均建有巨大之木建築，而此等巨大木建築又皆後接窟室者。遼代銘記内有：「修大小一千八百七十六尊。」其規模宏偉可知。

大同縣。〔一〕本大同川地，〔二〕重熙十七年西夏犯邊，析雲中縣置。户一萬。〔三〕

〔一〕即今大同市，縣在原府城内東偏。

〔二〕記纂淵海：「周大同川地，戰國趙置雲中縣。漢爲雁門郡平城地，遼置大同縣。」

索隱卷五：「唐中受降城西有大同川，去此甚遠。此縣以唐大同軍額名，不當引大同川。」

〔三〕孫體元大同縣志：「方山在城北五十里，有拓拔魏二陵及方山宫故基。禪房山在城西南六十里，上有寺塔，創自遼。」

雲中縣。〔一〕趙置。〔二〕沿革與京府同。户一萬。

〔一〕即今大同市，縣在原府城内西偏。

〔二〕索隱卷五：「此非趙置之雲中，沿革與京府誤同，此縣以後周之雲中縣名。唐志：雲州雲中郡雲中縣。注：本馬邑郡雲内州之恒安鎮，貞觀十四年曰定襄，開元十四年更名雲中，蓋亦因後周舊名耳。」元和郡縣圖志卷一四：「紇真山在縣東三十里。虜語紇真，漢言三十里。其山夏積雪霜。」又曰：「單于臺，在縣西北四十里，漢武帝元封元年，勒兵十八萬騎出長城，北登單于臺，即此也。」通典卷一七九州郡九：「雲中縣，有故高柳城、參合陂。」

天成縣。〔一〕本極塞之地。〔二〕魏道武帝置廣牧縣，〔三〕唐武德五年置定襄縣，遼析雲中置。〔四〕在京北一百八十里。户五千。

〔一〕即今天鎮縣。

全遼文卷六開泰八年創建無垢净光法舍利塔記作天成。金史卷二四地理志、卷四九食貨志曾並作天城，但中華書局校訂本已改作天成。金史卷八九蘇保衡傳、卷一三三移剌窩斡傳並作天成。

〔二〕索隱卷五：「按今天鎮縣。志當云本漢代郡陽原縣地。」

〔三〕索隱卷五：「魏志朔州附化郡廣牧縣，即晉志并州新興郡之廣牧縣。在今山西壽陽縣北。一統志考天鎮縣沿革，亦沿此誤。」

〔四〕索隱卷五：「案此縣隨北恒州同廢，故遼又析置。」

長清縣。〔一〕本白登臺〔二〕地，冒頓單于縱精騎三十餘萬圍漢高帝於白登七日，即此。

遼始置縣。有青陂，梁元帝横吹曲云：「朝跋青陂，暮上白登。」〔三〕在京東北一百一十里。〔四〕户四千。

〔一〕即今陽高縣，縣東南大泉山即大白登。

長清，原作長青，本史卷三六兵衛志下同。全遼文卷六張琪墓誌銘、卷八董匡信及妻王氏墓誌銘、金史卷二四地理志、金文最卷一〇一元好問撰東平行臺嚴公神道碑、卷一一一長清縣靈巖寺才公禪師塔銘、又長清縣靈巖寺寶公禪師塔銘並作長清縣。據改。

〔二〕水經注卷一三：「服虔曰：白登，臺名也。去平城七里。如淳曰：平城旁之高城，若丘陵矣。今平城東十七里有臺，即白登臺也。臺南對崗阜，即白登山也。孫暢之述畫曰：漢高祖被圍七日，陳平使能畫作美女送於冒頓，閼氏恐冒頓勝漢，其寵必衰，説冒頓解圍於此矣。」隋書卷三〇地理志：雲内縣有白登山。太平寰宇記卷四九：「臺在雲中縣東北三十里。」

〔三〕索隱卷五：「樂府詩集，横吹曲有梁元帝關山月云：『朝望青陂道，夜上白登臺。』本五言，此志引作四言。又寰宇記引冀州圖云：青波道自平城東南四十里西北出，至紇真山東北斜向平城西門山東出，經白登山南脚一百步，仍東迴二十里出渴鉢口，蓋青波皆青陂之譌。唐志：雲中有陰山道、青陂道，皆出兵之路，陰山道見下。」

〔四〕索隱卷五：「今陽高縣在大同府東北一百二十里，本漢代郡高柳縣地，金改長青爲白登縣。」

奉義縣。〔一〕本漢陶林縣〔二〕地。後唐武皇與太祖會此。遼析雲中置。户三千。

〔一〕在今大同市北。

〔二〕索隱卷五：「一統志：奉義故城在今大同府北，漢陶林縣屬雲中郡，在今朔平府北塞外歸化城界內，非今大同縣境，遼志誤也。」

懷仁縣。〔一〕本漢沙南縣。〔二〕元魏葛榮亂，縣廢。隋開皇二年移雲內于此。〔三〕大業二年置大利縣，屬雲州，改屬定襄郡。隋末陷突厥。李克用敗赫連鐸，駐兵於此。遼改懷仁。在京南六十里。户三千。〔四〕

〔一〕今大同市西南懷仁。
金史卷二四地理志：懷仁，遼析雲中置。

〔二〕索隱卷五：「一統志：遼懷仁故城在今懷仁縣治西，因阿保機與晉王李克用會於東城，有懷想仁人之語，故縣取名。又云：元和志：勝州河濱縣，本漢沙南縣地。河濱廢縣，在今鄂爾多斯左翼前旗界內。漢章據李氏釋地亦云：漢沙南縣在今榆林府府谷縣東北，明非大同境內。一統志雖未言遼史誤，其誤可知。」

〔三〕索隱卷五：「隋開皇中雲州移置定襄郡，故隋志定襄郡，統縣一，大利，大業初置。如此志文，似雲州與定襄郡地異矣。又大利故城在今平魯縣西北，志又誤引。」

〔四〕記纂淵海：「金龍山在縣西南。海子在縣東，其西北有泉，深不可測。」

懷安縣。〔一〕本漢夷輿縣地。〔二〕歷魏至隋，爲突厥所據。唐克頡利，縣遂廢爲懷荒鎮。高勳鎮燕，奏分歸化州文德縣置。初隸奉聖州，後來屬。在州西北二百八十里。户三千。

〔一〕今河北省懷安縣（柴溝堡）東南舊懷安。

〔二〕索隱卷五：「一統志：懷安舊城在今宣化府懷安縣東二十里。水經注：漢夷輿縣在居庸縣東北。居庸故城，在延慶州東。夷輿故城在州東北。遼志謂在懷安縣，誤也。又一統志：縣北五里九王城，相傳遼築，遺址尚存。」

弘州，〔一〕博寧軍，下，刺史。東魏静帝〔二〕置北靈丘縣。唐初地陷突厥，開元中置横野軍安邊縣，〔三〕天寶亂廢，後爲襄陰村。統和中，以寰州近邊，爲宋將潘美所破，廢之，乃於此置弘州，初軍曰永寧。有桑乾河、〔四〕白道泉、〔五〕白登山，亦曰火燒山，〔六〕有火井。統縣二：

永寧縣。户一萬。

順聖縣。〔七〕本魏安塞軍，五代兵廢。高勳鎮幽州，奏景宗分〔八〕永興縣置。初隸奉聖州。在州西北二百八十里。户三千。〔九〕

〔一〕州治永寧縣，即今河北陽原縣。清爲宣化府西寧縣。民國陽原縣志卷三：「唐安邊縣故城在治城東八里方城堡。有大古城門，明時猶存，遼弘州博寧軍故治。」同治西寧新志卷一：「弘州一作洪州，在魏末自爲昌平及安陽地。遼史既以蔚州之定安當安陽，舍數百年相承之故縣，從一時權宜之僑郡，誤。」

〔二〕馮校：静帝當作孝静帝。

〔三〕索隱卷五：「一統志考東魏北靈邱及唐横野軍並在今蔚州，弘州、永寧特唐時安邊地耳。遼志誤襲元和志蔚州建置之文，遂謂縣本唐横野軍，誤。漢章據唐志蔚州注：東北有横野軍，開元十二年置，安邊縣，治横野軍，是縣與軍同治。遼之弘州非横野軍，并非横野軍所治之安邊縣，一統志尚未詳考。」

〔四〕宣府鎮志卷八山川考：「桑乾河在弘州，今順聖西城南二十里，源出馬邑洪濤山，下與金龍池合流東南入盧溝河。」索隱卷五：「今同名。水經㶟水注：桑乾水即溹涫水。」

〔五〕太平寰宇記卷四九：「白道泉，郡國志云：白道高陂有土穴出泉，即古樂府之飲馬長城窟。」索隱卷五：「案水經河水注，南谷口側帶長城，背山面澤，謂之白道嶺，沿路惟出泉，挹之不窮。」同治西寧新志卷一：「白道泉以之名者衆矣。白登山在陽高縣南桑乾河之北，爲彼時弘州西境，而志以河南之火燒嶺當之，謂之火山，云有火井。殆未讀水經注全文也，誤。」

〔六〕太平寰宇記卷四九：「火山，在（雲中）縣西五里，水經注云：西溪水道源火山，山有火井，南北六七十步，廣減尺許，深不見底，炎勢上升，常若微雷發響，以草爨之，則煙騰火發，其山以火從地中出，亦名熒臺。」索隱卷五：「白登與火山異。……熒臺與白登臺不同，今無考。」山西通志：「鷲峯寺在大同府城東一百五十里。舊弘州龍樹山之陽，內有塔一座，高一百尺，遼壽昌四年建，乾統三年修。」宣府鎮志卷一七祠祀考：「遼弘州有尚書左丞相楊伯通墓。」中州集卷七：「王元節，弘州人，祖山甫，遼户部侍郎。」

〔七〕即今陽原縣東順聖舊城。民國陽原縣志卷三：「遼順聖廢縣，在治城東六十八里，城垣俱存，周四里，門三。去今東城八里。」清一統志卷二四：「順聖廢縣，在西寧縣東六十里。」同治西寧新志卷一：「順聖故城，在今縣東城東八里，去壺流河入桑乾處十二里，河西爲漢桑乾縣，故代郡治也。河東爲北魏萬年縣，故昌平郡治也，無所謂安塞。魏地制亦不立軍名。」

〔八〕據本史卷六穆宗紀應曆十三年正月，卷八五高勳傳及金史卷二四地理志，景宗應作穆宗。

〔九〕宣府鎮志卷一二宫宇考：「秋林亭，在順聖西城溜雲山下，盛暑，山石滴水成冰，可消煩渴，遼人建亭焉。」又「崖木亭，在順聖西盤崖洞口，峭壁千仞，架獨木爲橋，經久不朽，遼人建亭其側。」元姚燧牧庵集卷二六金甄官署令魏府君墓碣：「魏氏由唐相知古子林刺朔州，子孫居桑乾。桑乾爲今弘州之順聖。遼有延恕者，生中奉大夫守成，中奉生通奉大夫餘慶。」

德州，〔一〕下，刺史。唐會昌中以西德店置德州。開泰八年以漢户復置。〔二〕有步落泉、金河山、〔三〕野狐嶺、〔四〕白道坂。〔五〕縣一：

宣德縣。本漢桐過縣〔六〕地，屬雲中郡，後隸定襄郡，漢末廢。高齊置紫阿鎮，唐會昌中置縣。户三千。

〔一〕州治宣德，在今内蒙古涼城東北，山西大同市西北拒墻堡與助馬堡之間。索隱卷五：「金志：大同府宣寧，遼德州宣聖軍宣德縣。一統志：朔平府左雲縣，遼爲德州昭勝軍。」

〔二〕案本史卷一六聖宗紀開泰八年十一月，置雲州宣德縣。新、舊唐書地理志無宣德縣。

〔三〕太平寰宇記卷四九：「金河水，郡國志云：雲中郡有紫河鎮，界内有金河水，其泥色紫，故曰金河。」

〔四〕唐書梁師都與突厥千騎營於野狐嶺。

〔五〕太平寰宇記卷四九：「陰山道，按冀州圖云：雲中周回六十里，北去陰山八十里，南去通漠長城百里即白道川也。南北遠處三百里，近處百里，東西五百里，地至良沃，沙土而黑，省功多獲。每至七月乃熟。白道川當原陽鎮北，欲至山上，當路有千餘步，地土白如石灰色，遥去百里即見之，即是陰山路也。從此以西及紫河以東，當陰山北者，惟此道通方軌，自外道皆小而失次者多。」

〔六〕索隱卷五：「漢桐過縣，水經河水注：濟有君子之名，在雲中城西南二百餘里。一統志：故城今朔平府右玉縣西北塞外歸化城，西南濱河，則非即宣德縣地。」

豐州，〔一〕**天德軍**，〔二〕節度使。秦爲上郡北境，漢屬五原郡。地磧鹵，〔三〕少田疇。自晉永嘉之亂，屬赫連勃勃。後周置永豐鎮。隋開皇中升永豐縣，改豐州。〔四〕大業七年爲五原郡。義寧元年太守張遜奏改歸順郡。唐武德元年爲豐州總管府。六年省，遷民於白馬縣，遂廢。貞觀四年分靈州境，置豐州都督府，領蕃户。天寶初改九原郡。乾元元年復豐州，後入回鶻。會昌中克之，後唐改天德軍。太祖神册五年攻下，更名應天軍，復爲州。有大鹽濼、九十九泉、〔五〕没越濼、〔六〕古磧口、〔七〕青塚——即王昭君墓。〔八〕兵事屬西南面招討司。統縣二：〔九〕

富民縣。〔一〇〕本漢臨戎縣，遼改今名。户一千二百。

振武縣。〔一一〕本漢定襄郡盛樂縣。〔一二〕背負陰山，〔一三〕前帶黄河。元魏嘗都盛樂，即此。〔一四〕唐武德四年克突厥，〔一五〕建雲中都督府。麟德三年改單于大都督府。〔一六〕聖曆元年又改安北都督。開元七年割隸東受降城。八年置振武軍節度使。會昌五年爲安北都護府。〔一七〕後唐莊宗以兄嗣本爲振武〔一八〕節度使。太祖神册元年，伐吐渾還，攻之，盡俘其民以東，唯存鄉兵三百人防戍。後更爲縣。〔一九〕

〔一〕州治富民遺址在今呼和浩特市東郊太平莊鄉白塔村西南古城，東距市區十八公里。遺址内有萬部華嚴經塔，俗稱白塔。據發掘鑑定，此城爲遼代新建。與隋、唐之豐州不同，本志所引多不合。

〔二〕索隱卷五：「按金志：豐州天德軍，遼嘗更軍名應天，尋復。」

〔三〕索隱卷五：「漢志：雁門郡沃陽，鹽澤在東北。水經河水注：鹽池東西五十里，南北二十里，西南去沃陽城六十五里。一統志：沃陽故城，今朔平府左雲縣西北塞外鑲藍旗察哈爾界中。」

〔四〕索隱卷五：「案以上志文並本元和志而參以隋志，故於秦爲上郡北境下加入『漢屬五原郡』五字，爲『隋爲五原郡』五字之根本，不知上郡北境乃朔方郡與西河郡，西河郡之北境始是五原郡。隋之豐州五原郡與唐之豐州九原郡，並非秦、漢之五原、九原，而隋、唐豐州，至宋没於西夏，其城在今鄂爾多斯右翼後旗西，亦並非遼之豐州。元志亦沿此志之誤。」

〔五〕拾遺卷一五引張欽大同府志：「官山在府城西北五百餘里古豐州境。山上有九十九泉，流爲黑河。」拾遺補卷四引錢良擇出塞紀畧：「和碩克山對面爲諸勒克山，山巔有九十九泉，匯爲長河，直達歸化城。按魏書，天賜二年，登武要北源，觀九十九泉。武要，定襄郡屬縣，在大同西北。宋白云：九十九泉，在幽州西北千餘里。」

〔六〕索隱卷五：「案即沙陵湖，亦名金河泊。水經河水注：芒干水，又西南注沙陵湖。南齊書魏虜傳：平城南有干水，出定襄界流入海。蓋海即湖泊之名耳。明統志：金河在古雲内州東南百五十里，西流入天鵝泊。一統志：沙陵湖在歸化城西。」

〔七〕索隱卷五：「案即水經河水注白道南谷口。唐志雲中注：出兵路之陰山道。一統志：白道在歸化城北。」

〔八〕明一統志卷二一：「王昭君墓，在古豐州西六十里，地多白草，此冢獨青，故名青冢。」索隱卷五：「通典：金河縣有王昭君墓。大同府志：漢明妃墓在府西五百里，古豐州西六十里。一統志：在歸化城南二十里。」

〔九〕中州集卷八：「邊元勳，豐州人。祖貫道，遼日狀元。」富民縣西北隅寺院内有藏經塔，相傳遼聖宗時建。金大定二年重修，八角七層樓閣式，第一層南面篆書「萬部華嚴經」六字，窗櫺塑有佛像，姿態優美，今存。見内蒙古文物資料選輯第七編李逸友撰呼和浩特市萬部華嚴經塔。

〔一〇〕索隱卷五：「遼富民故城在今右玉縣西北境，漢朔方郡之臨戎縣有金連鹽澤、青鹽澤，則在今鄂爾多斯右翼後旗西，黄河向北流之東岸。此又誤以遼豐州爲隋、唐之豐州也。」

〔一一〕按即今和林格爾（二十家子），舊和林格爾西北土城子。本史卷六〇食貨志：「（統和）二十三年設榷場。」

〔一二〕索隱卷五：「漢志本作成樂，水經河水注引魏土地記：雲中城東八十里有成樂城，一名石盧城。一統志：今殺虎口北，歸化城南。」

〔一三〕案即今大青山。

〔一四〕索隱卷五：「續漢志：雲中郡盛樂即成樂，鮮卑拓拔力微始居之，猗盧城之，什翼犍及珪皆因之。通鑑晉紀注：什翼犍築盛樂於故城南八里，則已非後漢之盛樂。」

一九四三年日本人發掘呼和浩特（當時稱歸綏）南六十里之和林淖爾縣城外土城子，認定此土城確爲北魏盛樂城址，掘出北魏遺物甚豐。又於此城址中發現另外兩城址，一多出漢磚，是漢成樂縣址也，一出有「大定六年」或「雄佛寺」欵銘之巨磚及鬼面，蓮瓣瓦當，是遼金之振武鎮址也。此遼、金之振武，又出唐代之曜文瓦當，因疑此址原爲唐單于都護府所在地；遼金之振武鎮，則又重建於唐址之上者耳。（見一九四七年一月大公報日人在華北之考古。）

〔一五〕索隱卷五：「案此本元和志文，克突厥下脱去『於此置雲中，貞觀二十年』十字。」

〔一六〕索隱卷五：「督字當作護。」新、舊唐書地理志並作「龍朔三年置雲中都護府，麟德元年改爲單于大都護府。」

〔一七〕索隱卷五：「案方鎮表：會昌三年改。」

〔一八〕索隱卷五：「元和志本云：開元八年，復置單于大都護府，不云置振武節度使，據唐書方鎮表，始置於乾元元年，此志字多訛脱。元和志又云：初，景龍二年，張仁愿於今東受降城置振武軍，天寶四年節度使王忠嗣移於此城内，考此年尚無振武節度使，王忠嗣乃朔方節度使也。元和志又云：單于大都護府，今爲振武節度使理所，則元和時制矣。」

〔一九〕明一統志卷二一古蹟：「成樂城，遼爲振武縣，縣北七十里有黑沙磧。」拾遺卷一五引張鵬翮漠北日記：「距青冢十里有振武城廢址，河水齧沙出碑曰唐振武軍節度使墓誌，亦漢字，棄置河干。」

雲内州，〔一〕開遠軍，下，節度。本中受降城地。〔二〕遼初置代北雲朔招討司，改雲内州。清寧初升。有威塞軍、古可敦城、〔三〕大同川、〔四〕天安軍、永濟柵、安樂戍、拂雲堆。〔五〕兵事屬西南面詔討司。縣二：

柔服縣。〔六〕

寧人縣。〔七〕

〔一〕今內蒙古自治區托克托縣古城鄉南園子村北古城。

〔二〕大同府志：「東受降城，府城西北五百餘里。中受降城去東受降城一百餘里，本秦、漢九原縣地。唐貞觀初，立雲中都督府，後置橫塞軍。遼置雲內州。西受降城去中受降城一百餘里，古豐州西北八十里。三受降城皆唐朔方總管張仁愿所築。」明許爾忠朔州志：「居延川，在州北廢雲內州，蘇武嘗困於此，旁有居延城。」

〔三〕索隱卷五：「元和志中受降城本秦九原郡地，漢元朔二年更名五原，開元十年，於此城置安北大都護府，後又移徙，事具天德軍。一統志：城在今烏喇忒旗西黃河北岸。」

〔三〕索隱卷五：「唐志中受降城，又有積塞軍，本可敦城。天寶八載置，十二載廢。元和志作橫塞軍，張齊賢置，安思順奏廢。」

〔四〕川，原作「州」。據下文天德軍及新唐書地理志卷三七改。

〔五〕輿地廣記：「中受降城有拂雲堆祠，西受降城開元初爲河所圮。十年，總管張説於城東別置新城。北三百里有鸊鵜泉。」山西通志：「李陵臺，在大同府城西北五百里古雲內州。臺高二丈餘。唐志：雲中都護府有燕然山，山有李陵臺，蓋陵不得歸，登此以望漢，其近有拂雲堆，堆上有祠。」舊唐書卷九三張仁愿傳：「朔方軍，北與突厥以河爲界，河北岸有拂雲堆祠，突厥將入寇，必先詣祠祭酹，求福，因牧馬料兵而後渡河。」

〔六〕在今包頭市東沙爾沁。

〔七〕按即寧仁縣。本史卷一五聖宗紀開泰六年七月：「以西南路招討請，置寧仁縣於勝州。」此隸雲內，或是以後改屬。金史卷二四地理志雲內州有寧仁舊縣。

天德軍，〔一〕本中受降城。唐開元中廢橫塞軍，置天安軍於大同川。乾元中改天德軍，移永濟柵，今治是也。〔二〕太祖平党項，遂破天德，盡掠吏民以東。後置招討司，漸成井邑，乃以國族爲天德軍節度使。有黃河、〔三〕黑山峪、〔四〕廬城、威塞軍、秦長城、〔五〕唐長城；又有牟那山，〔六〕鉗耳觜城〔七〕在其北。

〔一〕今內蒙古自治區巴彥淖爾盟烏拉特前旗阿拉奔鄉境內古城。

明一統志卷二一：「天德山，在朔州北，漢李陵自居延行至天德山；遼太祖平党項，遂破天德，掠吏民以東，皆此地。」

索隱卷五：「一統志：在今烏喇忒旗西北中受降城西北二百里。唐志：中受降城西二百里大同川有天德軍，大同川之西有天安軍，皆天寶十二載置。北有安樂戍，乾元後天德軍徙屯永濟柵，故大同城也。一統志：故大同城，隋時所築，在今烏喇忒旗西北天德軍城西南三里。」

〔二〕索隱卷五：「此志以天德爲天安軍改名，與唐志不合；以永濟柵爲天德軍今治，與元和志不合。元和志：天德軍本安北都護，貞觀二十一年，於今西受降城東北四十里置燕然都護，龍朔三年移磧北回紇本部，改名瀚海都護，總章二年又改安北都護，尋移於甘州東北隋故大同城鎮。垂拱元年置同城鎮，其都護權移理西安城。景龍二年移理西受降城，開元十年移理中受降城，天寶八年又移理橫塞軍，十二年安思順奏廢橫塞軍，於大同川西築城置軍，賜名大安，乾元後改爲天德軍。（原注：案此與唐志異。）緣居人稀少，遂西南移三里，權居永清柵，其理所又移在西受降城。至元和八年黄河泛溢，城毁南面，李吉甫請修天德舊城，九年詔移理舊城。今考永清柵即永濟柵，亦即隋故大同城鎮，在大同川西南三里。元和九年既移理大同川中天德舊城，則永濟柵非天德軍所治明矣。此志失考，且未及唐安北都護所治，故詳之。」

〔三〕索隱卷五：「今烏喇忒旗南五十里距河，其南岸名河套，其北有河套山。」

〔四〕索隱卷五：「今烏喇忒旗北二百里黑河，源出毛明安旗東南七十里黑山，西南流入旗境，即晉書赫連勃勃載記之黑水。」

〔五〕索隱卷五：「案即秦始皇本紀自榆中並河以東屬之陰山者。陰山在烏喇忒旗西北二百四十里，蒙古名噶札爾。」

〔六〕拾遺卷一五引張欽大同府志：「牟那山在朔州城北三百里。隋大同城舊墟在此，山近有鉗耳觜城及秦長城。」索隱卷五：「元和志李吉甫言天德軍城居大同川中，當北戎大路，南接牟那山，南又是麥泊，其地良沃。漢章謂即今麥垛山。」

〔七〕索隱卷五：「即元和志敬本故城，在中受降城北四十里。鄭虔軍録曰：時人以張仁愿河外築三城，古今未有，今敬本城壕塹深峻，亦古之堅守。賈耽古今述曰：以地理求之，前代九原城也。」

寧邊州，[一]**鎮西軍**，下，刺史。本唐隆鎮，[二]遼置。兵事屬西南面招討司。

[一]今内蒙古自治區烏蘭察布盟清水河縣西南黄河東岸。

[二]索隱卷五：「案一統志，今山西寧武府偏關縣東。」

奉聖州，[一]**武定軍**，上，節度。本唐新州。後唐置團練使，總山後八軍，莊宗以弟存矩爲之。[二]軍亂，殺存矩于祁州，[三]擁大將盧文進亡歸。太祖克新州，莊宗遣李嗣源復取之。同光二年升威塞軍。[四]石晉高祖割獻，太宗改升。[五]有兩河會、[六]温泉、[七]龍門山、[八]涿鹿山。[九]東南至南京三百里，西北至西京四百四十里。兵事屬西京都部署司。統州三，縣四：

永興縣。本漢涿鹿縣[一〇]地。黄帝與蚩尤戰於此。户八千。

礬山縣。[一一]本漢軍都縣。山出白緑礬，故名。有礬山、[一二]桑乾河。[一三]在州南六十里。户三千。

龍門縣。〔一四〕有龍門山，石壁對峙，高數百尺，望之若門。徼外諸河及沙漠潦水，皆於此趣海。雨則俄頃水踰十仞，晴則清淺可涉，實塞北控扼之衝要也。在州東北二百八十里。户四千。〔一五〕

望雲縣。〔一六〕本望雲川地，景宗於此建潛邸，因而成井肆。穆宗崩，景宗入紹國統，號御莊。〔一七〕後置望雲縣，直隸彰愍宫，附庸于此。在州東北二百六十里。户一千。

歸化州，〔一八〕雄武軍，上，刺史。本漢下洛縣。〔一九〕元魏改文德縣。唐升武州，僖宗改毅州。後唐太祖復武州，明宗又爲毅州，潞王仍爲武州。〔二〇〕晉高祖割獻于遼，改今名。有桑乾河、〔二一〕會河川、〔二二〕愛陽川、〔二三〕炭山、〔二四〕又謂之陘頭，有涼殿，承天皇后納涼於此。山東北三十里有新涼殿，景宗納涼於此，唯松棚數陘而已。斷雲嶺，〔二五〕極高峻，故名。州西北至西京四百五十里。統縣一：

文德縣。本漢女祁縣〔二六〕地。元魏置。户一萬。

可汗州，〔二七〕清平軍，下，刺史。本漢潘縣，元魏廢。北齊置北燕郡，〔二八〕改懷戎縣。隋廢郡，屬涿郡。唐武德中復置北燕州，縣仍舊。貞觀八年改嬀州。〔二九〕五代時，奚王去諸以數千帳徙嬀州，〔三〇〕自别爲西奚，號可汗州；太祖因之。〔三一〕有嬀泉〔三二〕在城中，相傳舜嬪二女於此。又有温泉、〔三三〕版泉、磨笄山、雞鳴山、〔三四〕喬山、〔三五〕

歷山。〔三六〕統縣一：

懷來縣。本懷戎縣，〔三七〕太祖改。户三千。〔三八〕

儒州，〔三九〕縉陽軍，中，刺史。唐置。〔四〇〕後唐同光二年隸新州。太宗改奉聖州，仍屬。有南溪河、〔四一〕沽河、〔四二〕宋王峪、〔四三〕桃峪口、〔四四〕龍泉。〔四五〕統縣一：

縉山縣。〔四六〕本漢廣寧縣地，唐天寶中割嬀川縣置。户五千。

〔一〕州治永興，即今河北省涿鹿縣。

〔二〕通鑑地理通釋卷一四石晉十六州考：「新州，唐志領縣四：永興、礬山、龍門、懷安。」輿地廣記：「唐末置。後唐同光二年升威塞軍節度。」通鑑：「威塞軍防禦使李存矩，在同光前。」索隱卷五：「案唐初如後齊置北燕州，貞觀八年改名嬀州，長安二年徙廢，光啓中改置新州，即故保安州，今名涿鹿縣。」拾遺卷一五：「唐新州，遼改奉聖州，金升德興府，元改保安州，明初廢，永樂中，復置保安州。」

〔三〕祁州，新五代史卷四八及通鑑並作祁溝關。本史卷四〇涿州有祁溝河。

〔四〕通考卷三一六作威勝軍。

〔五〕按本史卷四太宗紀：會同元年十一月改升。

〔六〕拾遺卷一五引劉必紹保安州志：「燕尾河在州東南三十里，桑乾與洋河合流如燕尾然，南流入盧溝橋下，一名兩河會。見遼志。」索隱卷五：「案水經濕水注：涿水出涿鹿山，東北流逕涿鹿縣故城南，又東北與阪泉合，阪泉導源縣之東泉，東北流與蚩尤泉會，亂流東北入涿水。又一統志引舊志：桑乾河至保安州東南二十里與洋河合，如燕尾然，亦名燕尾河，遼志兩河會也。」

〔七〕明一統志卷五：「温泉在州城南一十五里，其水常温，至冬可浴。」索隱卷五：「案此温泉，兩見魏書世祖紀，在今涿鹿縣南十五里。」

〔八〕拾遺卷一五引保安州志：「龍門山，在州西北三十里。」索隱卷五：「案一統志：保安州北與宣化縣接界處，亦有龍門山。」

〔九〕明一統志卷五：「涿鹿山在州城西南九十里，一名獨鹿山，涿水出焉。黄帝破蚩尤於涿鹿，即此。」索隱卷五：「案史記五帝紀正義引括地志：山在嬀州東南五十里，明統志在保安州西南百二十里。」明一統志卷五：「上花園，在州城西四十里，相傳遼蕭后種花之所。下花園，在州城西三十里，亦遼蕭后置，遺址尚存。」徐蘭出塞詩有云：「温、洋二水尚潺湲，百里亭台無一存。緑是蒺藜黄是土，上花園至下花園。」遼詩話卷下：「明崑山葉盛記上花園云：雞鳴山西三十里爲上花園，又三十里爲鎮城，上花園相望有下花園，並遼蕭太后種花之所，遺址尚存。涿人頓長史鋭（正德辛未進士，官終長史）詩：『嶺雲沈日暝煙斜，見説窮邊亦有花；應是漢宫青冢怨，不甘玉貌委泥沙。』」夏之璜出塞日紀：「道經下花園，爲遼后蕭氏遊幸之地。」宋白續通典：「火神淀在新州西。」

〔一〇〕索隱卷五：「漢上谷郡涿鹿縣，晉改屬廣寧郡，北齊省，唐光啓中置永興，爲新州治。今涿鹿縣治。」

〔一一〕即今涿鹿縣南礬山堡。

〔一二〕縣應以山取名。山因以產礬取名。索隱卷五：「案唐志：礬山亦新州屬縣，今涿鹿縣東南六十里礬山堡。漢上谷軍都縣與居庸縣相近。一統志：在今昌平州西，與礬山縣遼遠。」

〔一三〕明一統志卷五保安州：「桑乾河在州城西南四十里，一名漯水。自渾源州流至州境，與温河、洋河合流，東南入宛平縣界爲盧溝河。」

〔一四〕案即今河北省張家口市宣化區東北龍關。

〔一五〕索隱卷五：「漢上谷郡女祁縣地。唐志：新州有龍門縣，女祁故城在縣東。此志以漢女祁爲歸化州文德縣及中京道北安州地，皆非也。今縣名龍關，此龍門山古名獨固門，見水經沽水注。又一統志：縣東南三十里有羊城，遼築，以便市易。此羊城後置。」

宣府鎮志卷一二宮宇考：「歇馬臺，龍門所東五十里境外，遼蕭后歇馬處，遺蹟尚存。」

〔一六〕即今赤城縣北雲州堡。

金史卷二四地理志：「德興府望雲，本望雲川地，遼帝嘗居，號曰御莊，後更爲縣，金因之。」

〔一七〕宣府鎮志卷一二宮宇考：「御莊，在雲州堡，契丹耶律賢，因父遇害，淪落民間，居處於此。逮穆宗受禍，國人訪賢，立爲國主，作室宇於舊居之地，號曰御莊。」索隱卷五：「一統志引舊志，謂遼景宗嘗潛居於此，後國人訪求立之，遂作屋宇於舊居，號曰御莊。與紀、志皆不合。又云：赤城縣北雲州堡西南有長春宮，遼建，景宗嘗遊於此。」宣府鎮志卷八山川考：「鴛鴦泊，雲州堡西北一百餘里境外。周圍八十里，其水停積不流，自遼、金以來爲飛放之所。」

〔一八〕州治文德，即今河北省張家口市宣化區。案王甫墓誌：「祖育，雄武軍節度使。」是由上刺史又升節度矣。

〔一九〕索隱卷五：「漢下洛在今涿鹿縣西，非今宣化縣地。漢上谷廣寧縣及寧縣並在宣化縣西北，且居縣在其東，茹縣在其南，是當云漢廣寧、寧、且居、茹縣地。」

〔二〇〕通鑑地理通釋卷一四石晉十六州考：「武州，輿地廣記：唐末置。唐志：領文德一縣。後唐長興元年改毅州。」

錢氏考異卷八三：「案本卷武州下云：魏置神武縣，唐末置武州，唐改毅州。重熙九年復武州，此兩武州，當有一誤。」

索隱卷五：「案武州再改毅州，唐志、五代史職方考並無之。此蓋由下武州而誤。」

〔二一〕索隱卷五：「案河自蔚州北又東逕宣化縣南。」

〔二二〕索隱卷五：「金史世宗紀、明史常遇春傳並作柳河川，在宣化縣西北，南流城河，居民利之。又南流，會洋河，入桑乾河。」

〔二三〕明一統志卷五：「愛陽川，在炭山西北二十里，本牧放之地，深可尺餘，下有頑冰，黑色者數尺，水上有浮草，性涼，尤宜牧馬。其地又生黃花，其大如錢，發於土上，人馬蹂踐萎悴，明日復生如新。」

〔二四〕乾隆口北三廳志卷二：「在興和故城東北，遼時清暑之地。」明一統志卷五：「炭山，在宣府城西一百二十里，遼人謂之陘頭，承天后輔政日，納涼此處。又山之東三十里別建涼殿，乃遼主宗真納涼地。」民國張北縣志卷二：「炭山東北三十里有新涼殿，在今舊興和。」又「炭山，在縣城東三十里。」索隱卷五云：「一統志：山在萬全縣西南四十里，非獨石口外之炭山。」

〔二五〕宣府鎮志卷八山川考：「斷雲嶺，在歸化州。即今沙嶺，鎮城西北二十里，上有陰雲籠伏，如阻斷然。」又：「西望山，在宣府城北三十五里，上有遼國西望山舍利之碑。」

〔二六〕索隱卷五：「案女祁誤證已見前。唐文德，金改宣德。」

〔二七〕州治懷來，在今縣（沙城）東南懷來鎮。故址已沒於官廳水庫。索隱卷五：「遼可汗州。其南有漢沮陽故縣城，不當引潘縣。」

〔二八〕索隱卷五：「郡，當作州。隋志：後齊置北燕州，領長寧、永豐二郡。」

〔二九〕通鑑地理通釋卷一四石晉十六州考：「嬀州嬀川郡，北齊立北燕州，後周曰燕州。唐武德七年，以幽州懷戎置北燕州，貞觀八年更名，治懷戎。（本潘縣。）」宣府鎮志卷一一城堡考：「古城，隆慶州城東北二十里，相傳爲遼蕭后所築。」

〔三〇〕徙，原誤「欲」。據新五代史附録改。

索隱卷五：「案志文自此以上並當移入前奉聖州下。此下更當云長安二年始移嬀州，及懷戎縣，治漢沮陽故縣。（原注：縣亦後魏廢。）天寶初曰嬀州郡，乾元初復曰嬀州。」

〔三一〕本史卷一太祖紀：神册元年十一月改嬀州爲可汗州。

〔三二〕明一統志卷五：「嬀泉，在故懷來縣西一百一十里。」索隱卷五：「水經㶟水注：清夷水，又西逕沮陽縣故城，北屈，逕其城西南入㶟水。一統志：古清夷水，今謂曰嬀河。括地志：嬀水在懷戎，本漢潘縣，在今保安州西南界。遼史謂嬀泉在可汗州城中，不知懷戎之移治，而誤指清夷水爲嬀水也。」

〔三三〕宣府鎮志卷八山川考：「温泉，在可汗州，今隆慶城西北三十里佛峪山下。」太平寰宇記卷七一：「羹頡山，黄帝祠在焉，有泉湛而不流，即古阪泉也，今在（嬀州）城東一百步。」史記云：「軒轅與炎帝戰於阪泉之野。」索隱卷五：「水經注引魏土地記曰：下洛城東南四十里有橋山，山下有温泉。又曰：下洛城東南六十里有涿鹿城，城東一里有阪泉。是二泉並當移前奉聖州。」

〔三四〕通典卷一七八州郡八：「鳴雞山，本名磨笄山，趙襄子滅代，其姊磨笄自殺，因爲名。代人憐之（爲）立祠，有羣雞鳴於祠上，故名鳴雞山。」太平寰宇記卷七一：「鳴雞山，在（懷戎）縣東北七十里。本名磨笄山。」

索隱卷五：「案魏土地記：下洛城北有鳴雞山。趙襄子既害代王，其姊代之，夫人磨笄自刺，因名爲磨笄山。水經注引之。又曰：磨笄山，每夜有野雞羣鳴於上，故亦謂鳴雞山。通典、寰宇記並以爲一山。磨笄、鳴雞聲近，此志作雞鳴，金志同之。」

元王惲中堂紀行：「雞鳴山者，唐太宗東征至其下，聞雞鳴故名，東南距懷來七十里而遠。」

〔三五〕索隱卷五：「案即橋山，見前。隋志作喬山。」太平寰宇記卷七一：「橋山，山有祠，黃帝葬此。山海經云：大荒内有軒轅臺，射者不敢西向，畏軒轅故也。梁湘東王臨終詩云：『寂然千載後，誰畏軒轅臺。』」

〔三六〕太平寰宇記卷七一：「歷山，後魏輿地圖風土記云：潘城西北三十里有歷山，形如覆釜，故以名之。其下有舜祠、瞽瞍祠存。」索隱卷五：「魏土地記：下洛城西南四十里，潘城西北三里有歷山。」

宣府鎮志卷八山川考：「應夢山，（在隆慶州）城北二十里，昔遼蕭后嘗應夢建寺於其巔，因名。」

索隱卷五：「一統志：今延慶州東北二十里有古城，相傳遼蕭太后所築。」又宣府鎮志卷一二宮宇考：「東羊房，隆慶州城北十里。西羊房隆慶州城西北十五里，皆蕭后養羊之所。」

〔三七〕索隱卷五：「漢懷戎無考。北齊天保二年，始置懷戎縣爲北燕州治，本在漢潘縣界。唐長安二年始移徙耳。」

〔三八〕宣府鎮志卷一二宮宇考：「團蕉亭在懷來，蕭后遊息之所。」又：「雪興亭，蕭后每冬遊至此，亦在懷來。」又：「碧桃亭，去雪興亭里許，亦蕭后所置，廢久，惟遺扁石刻尚存。」又卷八山川考：「養鵝池，去懷來城（東南）二十里，水四時不竭，相傳遼蕭后所鑿。」拾遺卷一五：「明一統志及宣府鎮志所載遼后，皆承天太后也。興宗奉太后嘗納涼於炭山，故西京諸處遺蹟爲多。」索隱卷五：「一統志：東花園在懷來縣東十里，遼置。又明昌苑，遼置。又縣西五里蓮花池，相傳遼蕭后種花之所。」

〔三九〕北京市延慶縣，舊址應在今水庫內。

〔四〇〕通鑑地理通釋卷一四石晉十六州考：「儒州，輿地廣記：唐末置。九域志：領晉德一縣。廣記：縉山縣。朝野雜記：晉山縣，距燕京百八十里。」索隱卷五：「案一統志：漢上谷郡居庸故城，在今延慶州東；夷輿故城在州東北，是儒州。本漢居庸、夷輿二縣地。」

〔四一〕明一統志卷五隆慶州：「溪河，源自永寧縣界團山，流經州南，合沽河，西至懷來，入桑乾河。」索隱卷五：「案水經濕水注：馬蘭溪水，導源馬蘭城，南流出城東南入㶟水。一統志：溪在延慶州西。」

〔四二〕明一統志卷五隆慶州：「沽河，源自州城東北雙營，西南流入溪河。」索隱卷五：「此河爲白河之上源。一統志：今延慶州東北。」

光緒延慶州志卷一一古蹟：「龍安寺，在永寧北縉雲山上，內供石佛高丈餘，一名石佛廟。又縉陽觀在山下。遼統和三年建。」又：「天成觀在永寧東北二十里，遼聖宗時建。」

〔四三〕宣府鎮志卷八山川考：「宋王峪，在儒州，劉武周號宋金剛爲宋王，疑以此名峪。」

〔四四〕索隱卷五：「案即今南山口，一統志：棒棰谷，在懷來縣東南接延慶州界，舊有邊墻，東達大小紅門、岔道諸處，謂之南山口。」

〔四五〕龍泉二字原缺。本史卷一二聖宗紀統和七年四月：「駐蹕儒州龍泉。」據補。

〔四六〕索隱卷五：「漢上谷郡廣寧，在宣化縣西北，非唐縉山。」姜南蓉塘詩話：「統幕之地，在隆慶州西南八十里，相傳遼主遊幸，嘗張大幕於此，因名。今譌爲土木，正統十四年王師敗績於土木，大駕北狩，即此地。」拾遺卷一五：「歸化州，元、明時爲宣府鎮。嬀州，明爲隆慶州。儒州，明爲隆慶州永寧縣地。」謝庭桂隆慶志卷一：「縉陽山，在永寧城西北十三里，又名龍安山。」又卷八：「縉陽觀，在縉陽山之麓。今廢，山頭仙壇、磎邊釣跡猶存。」索隱卷二：「金志：撫州有旺國崖，遼志無之。一統志：宣化府有望國崖，在赤城縣北望雲川東北，於遼屬西京道奉聖州望雲縣，望、旺聲近。」大金國志卷六：「望國崖，在儒州望雲縣北。」中堂紀行卷上：「按灤野，蓋金人駐夏金蓮、源隰一帶，遼人曰望國崖是也。」

蔚州，忠順軍，〔一〕上，節度。周職方，并州川曰滱夷，〔二〕在州境飛狐縣。〔三〕趙襄子滅代，武靈王置代郡。項羽徙趙歇爲代王，歇還趙，立陳餘王代，漢韓信斬餘，復置代郡，文帝初封代，皆此地。〔四〕周宣帝始置蔚州，隋開皇中廢。唐武德四年復置。至德二年改興唐縣。〔五〕乾元元年仍舊。大中後，朱邪執宜爲刺史，有功，賜姓名李國昌。〔六〕子克用乞爲留後，僖宗不許。廣明初，攻敗國昌，代北無備，太祖來攻，克之，俘掠居民而去。〔七〕石晉獻地，升忠順軍，後更武安軍。〔八〕統和四年入宋，尋復之，降刺史，隸奉聖州，升觀察，〔九〕復忠順軍節度。兵事屬西京都部署司。統縣五：

靈仙縣。〔一〇〕唐置興唐縣，梁改隆化縣，後唐同光初復置，晉改今名。户二萬。

定安縣。〔一一〕本漢東安陽縣地，〔一二〕久廢。後唐太祖伐劉仁恭，次蔚州，晨霧晦冥，占，不利深入，會雷電大作，燕軍解去，即此。遼置定安縣。西北至州六十里。户一萬。

飛狐縣。〔一三〕後周大象二年置廣昌縣于五龍城，即此。隋仁壽元年改名飛狐。相傳有狐於紫荆嶺食五粒松子，成飛仙，故云。西北至州一百四十里。户五千。

靈丘縣。〔一四〕漢置。後漢省。東魏復置，〔一五〕屬靈丘郡。隋開皇中罷郡來屬。大業初改隸代州。唐武德六年仍舊。東北至州一百八十里。户三千。〔一六〕

廣陵縣。〔一七〕本漢延陵縣。〔一八〕隋唐爲鎮州。〔一九〕後唐同光初分興唐縣置。石晉割屬遼。東南至州四十里。户三千。

〔一〕今河北省蔚縣。

〔二〕太平寰宇記卷五一：「嘔夷水，一名滱水，出(靈邱)縣西北高是山。周禮曰：『并州，其川嘔夷』，謂此也。」又：「亦曰瓠甗河，上槽狹，下流闊，形似瓠甗，因名。」

索隱卷五：「周禮鄭注：疑嘔夷即平舒之祁夷水。顏注漢志從之。然漢志：代郡平舒祁夷水北至桑乾入治，不云并州川。又靈邱滱河，東至文安入大河云并州川。說文：滱水起代郡靈邱，東入河，滱水即嘔夷水并州川也。水經滱水注：即嘔夷之水。然則嘔夷川乃今唐河。水經濕水注：有祁夷水。今名壺流河。元和志名曰瓠甗河，以爲即漚夷河，此志亦沿其誤。」

〔三〕索隱卷五：「案飛狐當改作靈邱。」

〔四〕索隱卷五：「漢初高帝兄喜封代耳。文帝雖王代，則都晉陽，徙都中都，未嘗都代也。明統志沿此志之誤。」

〔五〕索隱卷五：「縣當作郡。唐志：蔚州興唐郡本安邊郡，開元初徙治安邊，至德二年更郡名，復故治。」

通鑑地理通釋卷一四石晉十六州考：「蔚州，後魏置懷荒、禦夷二鎮及靈邱郡。後周置蔚州。

隋屬雁門、上谷二郡。（雁門之靈邱、上谷之飛狐。）唐武德六年置州，貞觀五年破突厥復故地，天寶曰安邊郡，至德曰興唐郡，領靈丘、飛狐、興唐三縣。」

〔六〕朱邪執宜進蔚州刺史，在戰勝王承宗（元和五年，八一〇）之後，非大中（八四七—八五九）後。執宜子赤心始賜姓名李國昌，非執宜賜姓名。

〔七〕太祖首次伐河東代北在唐天復二年七月，非廣明初。

〔八〕劉生和蔚州志：「馬頭山，在城東南三十里，一名大白山，有奇石，形如馬頭。」山西通志：「代王城，在蔚州東二十里，漢文帝封代時居此，西北四里有薄家莊，即其母薄太后所居也。」又：「金河十寺，在蔚州東南八十里五臺山下，河中碎石如金，故名金河寺，即遼統和間建。」乾隆蔚縣志卷五山川：「五臺山在城東一百里，其山五峯突起，俗稱小五臺，又東五臺，以别於晉之清涼山。東臺高千仞，其下有湯浴寺。北臺最高，東麓爲鐵黎寺。又有溝窑寺，即遼時飯僧金河寺，悉據一山之勝，下有沸泉四五處。」卷二五祠廟：「金河寺，在城東九十里五臺山，山東臺有湯浴寺，西臺有普賢寺，今廢。北臺下院有鐵林寺，中臺下院有普壽寺，胥稱一方名寺。」劉生和蔚州志：「漢文帝廟，在蔚州南關，遼穆宗建，石碣存焉。」元和郡縣圖志卷一四：「天池，在（静樂）縣北燕京山上，周迴八里，陽旱不耗，陰霖不溢。故老言：嘗有人乘車，風飄墮地，有人獲車輪於桑乾泉。後魏孝文帝以金珠穿魚七頭放此池，後亦於桑乾泉得之。隋煬帝嘗於池南置宫，每夜風雨吹破，宫竟不成。今池側有祠，謂之天池祠。」

玉海：「嘉祐元年，蕭扈來賀正，言陽武寨天池廟侵北界，詔館伴使王洙持圖道本末。」後山談叢卷四：「潘美爲并帥，代之北鄙，山有天池焉。歲遣通判祭之，其後憚遠而罷，久之契丹遣祭焉。又易其屋記，至熙寧中，始有其地，凡數歲，兩使往來，卒不能辨而與之。」拾遺卷一五：「天池廟，屬宋憲州境，以其後入遼，故附於此。」高澤於大康三年終於朔州私第，長子永肩，前蔚州長清軍指揮使。則蔚州曾有長清軍號。（見乾統十年高澤墓誌銘。）

〔九〕按本史卷一五聖宗紀統和二十九年六月升觀察。開泰元年三月，以蔚州爲觀察，不隸武定軍。

〔一〇〕元和郡縣圖志卷一四：「倒刺山，在縣東七十里。亦號雪山。俗傳靈仙所居，與五臺山畧等。」拾遺卷一五：「本唐興唐縣，晉改靈仙，殆以倒刺山得名耳。」索隱卷五：「案唐志：興唐本安邊，開元十二年置，治横野軍（在州東北）。至德二載更名。」

〔一一〕案即今蔚縣東北定安縣址。

〔一二〕索隱卷五：「東安陽故城在今蔚縣西北。趙武靈王封長子章爲代安陽君，本無東字，漢以五原郡有安陽縣，故加。」

〔一三〕案即今淶源縣。太平寰宇記卷五一：「隋仁壽元年改廣昌縣爲飛狐縣，因縣北飛狐口爲名。」索隱卷五：「本漢廣昌縣，後魏廢，故城在今廣昌縣北。」太平寰宇記卷五一：「飛狐道，自縣北入嬀州懷戎縣界，即古飛狐口也。漢書：酈食其説漢王曰：『杜白馬之津，塞飛狐之口。』此皆言一方之阨也。又晉中興書：『建興中，劉琨自代出飛狐口，奔於安次。』是此道也。」全遼文卷六耿延毅墓誌銘：「統和十五年，乃改授西南面招安使。舊以飛狐爲理所，其副居靈丘。」

〔一四〕即今縣。輿地廣記卷一九：「縣有趙武靈王墓，因以爲名。」

〔一五〕索隱卷五：「案漢縣故城，在今靈邱縣東十里。」

〔一六〕元和郡縣圖志卷一四：「太白山，在縣南十里。山有鍾乳穴，其深不測，仰望穴中，乳如懸穗焉。」又：「隘門山，亦曰隘口，在縣東南五十里，辟立直上，層巖刺天，有古道極險陋，後魏明元帝置義倉之所。」又：「開皇長城，西至繁畤縣，經縣北七十里，東入飛狐縣界。」索隱卷五：「一統志：有蕭太后城，在靈邱西南三十里，相傳駐兵於此。」

〔一七〕即今廣靈縣，按本史卷一三聖宗紀，統和十三年正月置廣靈縣。金史卷二四地理志：蔚州廣靈，（靈）亦作陵，遼統和（十）三年析靈仙置。」索隱卷五：「亦漢平舒縣，唐興唐縣地。」

〔一八〕索隱卷五：「漢縣在今天鎮縣北邊墻外正黄旗察哈爾界中，此志誤引。」

〔一九〕索隱卷五：「隋無鎮州，有恒州，唐元和改恒爲鎮，並非此縣。」

應州，〔一〕**彰國軍**，上，節度。唐武德中置金城縣，後改應州。〔二〕後唐明宗，州人也。天成元年升彰國軍節度，興唐軍、寰州〔三〕隸焉。遼因之。北龍首山，〔四〕南雁門。〔五〕兵事屬西京都部署司。統縣三：

金城縣。本漢陰館縣地，漢末廢爲陰館城。隋大業末陷突厥。〔六〕唐始置金城縣，遼因之。户八千。

渾源縣。〔七〕唐置。有渾源川，〔八〕在州東南一百五十里。户五千。

河陰縣。〔九〕本漢陰館縣地。初隸朔州，清寧中，來屬。户三千。

〔一〕今山西省應縣。拾遺補卷四引田緯匈奴須知：「應州東至幽州八百五十里。金城縣東北至朔州九百里。」清寧二年佛宫寺建木塔一座，爲我國現存最高大最古老之高層木構建築。一九七四年由第四層佛像腹内發現遼藏刻經、寫經及其他珍貴圖書文物如美術品與佛牙等。

〔二〕通鑑地理通釋卷一四石晉十六州考：「應州，續通典：故屬大同軍節度，輿地廣記：唐末置，領金城、渾源二縣。」

索隱卷五：「一統志：考通典、元和志，新、舊唐書，皆無金城縣，遼史不知何據，今考唐惟隴右道蘭州有金城縣耳。」

〔三〕通鑑地理通釋卷一四石晉十六州考：「寰州，職方考：後唐明宗置。輿地廣記：唐末置。領寰清一縣。」

〔四〕張欽大同府志卷一：「龍首山，在應州城北山之南，跨雲中。雁門山，在應州城南山之北，與龍首山相望。」水經注卷一三：「山海經曰：雁門之水，出於雁門之山，雁出其門。在高柳北，其水東南流逕高柳縣故城北，舊代郡治。」册府元龜卷二：「後唐明宗，以咸通八年九月生於代北之金鳳城。」汪承爵大同府志：「金鳳城在應州城東北天王祠前，後唐明宗生此，中有金鳳井。」記纂淵海：「金鳳井，在州治。相傳李克用生時，金鳳自井中飛出。」拾遺卷一五：「明宗生應州，見遼史。潘自牧以爲晉王克用，恐非。」談遷棗林雜俎義集：「應州治西物宮寺，遼清寧二年田和尚奉敕立，有釋迦塔，高三百六十尺，圍半之，六簷八角，上下皆巨木爲之，層如樓閣，玲瓏宏敞。」宋犖筠廊偶筆卷上：「應州木塔甚奇，馮訥生主政雲驤，有登塔詩一帙，序畧曰：『塔建自遼，疊木爲之，七級八面，高見數十里。』」

索隱卷五：「一統志：（龍首）山在應州東北三十里，一名邊耀山。」

〔五〕索隱卷五：「水經㶟水注：『雁門水出雁門山，雁出其門，在高柳北。其山重巒疊巘，霞舉雲高，連山十七里，於代爲西北。』今考山海經雁門山在今陽高縣西北，非此志應州南之山，今代縣西北三十五里，亦有雁門山。代州志：『山一名雁門塞，雙闕陡絶，雁度其間，稍東有過雁峯，巍然特高，北與應州龍首山相望。』」

索隱卷五：「漢鴈門郡陰館故城，在今朔縣東南，代縣西北。志下河陰縣云：本漢陰館縣地，不誤。此金城縣下當云本漢劇陽縣地。」

〔六〕隋字原脱，大業爲隋年號，據補。

〔七〕即今縣。郭子章郡縣釋名山西郡縣釋名卷下：「唐置渾源縣，因八水合而渾流故名。八水：崞川水、滱水、黑龍池、神溪水、李峪水、乳泉水、陵雲口水、磁窑口水是也。」

〔八〕明一統志卷二一：「恒山，在渾源州南二十里，即北嶽也。水經謂之玄嶽，其山高侵霄漢，舜北巡守至於恒山，即此。」恒岳志：「恒山，北岳也。括地志曰：『有五別名，蘭臺府、烈女宮、華陽臺、紫臺、太乙宮。』釋家謂之青峯埡，道家謂之總元洞天，金城福地。又曰太乙洞天。應劭風俗通曰：『恒，常也。萬物伏北方而有常也。』山脈發崑崙，其東北一支，自積石而北入匈奴，東爲陰山，又南入雲中境，西折而東爲寧武之天池，代之鴈門、句注，又東爲覆宿、夏屋、茹越、書崖，突起於渾源之南爲恒山。」潛邱劄記：「舜典：十有一月朔巡守，至於北岳。傳曰：北岳恒山。禹貢：太行恒山。疏曰：恒山在上曲陽西北。爾雅：兼殷制。釋山曰，河北恒。周禮職方氏：正北曰并州，山鎮曰恒山。注曰：恒山在上曲陽，則舜當日早覲北諸侯於今曲陽大茂山之下，非山經所稱今渾源之北岳、水經注所稱之玄岳，歷歷可知。」夢溪筆談卷二四亦云：「北嶽恒山，今謂之大茂山者是也。半屬契丹，以大茂山分脊爲界，岳祠舊在山下，石晉之後，稍遷近裏，今其地謂之神棚。今祠乃在曲陽。祠北有望岳亭，新晴氣清，則望見大茂。」拾遺卷一五據此稱遼時北岳自在上曲陽，遼史故無渾源之祀也。王澮初渾源州志：「温泉在州東南一百里，其水若湯，浴之能愈疾。」

索隱卷五：「一統志：滱水在渾源州南，源出州南七里翠屏山，一名高氏山。山海經：『高是之山，滱水出焉。』遼史謂渾源川，今名唐河。又云：唐泉，在應州東安邊鎮。自石澗流出，下入渾河。」

〔九〕即今山西省山陰縣（岱嶽鎮）東南山陰城。索隱卷五：「金志：應州山陰，本名河陰，大定七年更。今考遼史亦作山陰，見前本紀。又案耶律頗的傳：『頗的言自應州南境至天池，皆我耕牧之地。清寧間，邊將不謹，爲宋所侵，烽堠内移，似非所宜，道宗然之。遣人使宋，得其侵地，命頗的往定疆界。』又蕭韓家奴傳：『大康三年，經畫西南邊天池舊塹，立堡砦，正疆界，刻石而還。』又蕭迂魯傳：『會宋求天池之地，詔迂魯兼統兩皮室軍，屯太牢古山以備之。』此即宋熙寧中王安石、韓縝棄地五百餘里事也。水經濕水注：太原汾陽縣北燕京山大池，世謂之天池。唐志：憲州天池縣注有雁門關。蓋遼南侵及忻、代間矣。」

朔州，〔一〕**順義軍**，下，節度。本漢馬邑縣〔二〕地。元魏孝文帝始置朔州，在今州北三百八十里定襄故城。葛榮亂，廢。高齊天保六年復置，在今州南〔三〕四十七里新城。八年徙馬邑，即今城。武成帝置北道行臺。周武帝置朔州〔四〕總管府。〔五〕隋大業三年改馬邑郡。唐武德四年復朔州。遼升順義軍節度。〔六〕兵事屬西京都部署司。統州一、縣三：〔七〕

鄯陽縣。〔八〕本漢定襄縣〔九〕地。建安中置新興郡。〔一〇〕元魏置桑乾郡。〔一一〕高齊置招遠縣，郡仍舊。〔一二〕隋開皇三年罷郡，隸朔州。大業元年初名鄯陽縣，遼因之。戶四千。〔一三〕

寧遠縣。齊天保六年，於朔州西置招遠縣。唐乾元元年改今名。〔一四〕遼因之。有寧遠鎮。〔一五〕東至朔州八十里。户二千。

馬邑縣。〔一六〕漢置，屬雁門郡。〔一七〕唐開元五年，析鄯陽縣東三十里置大同軍，〔一八〕倚郭置馬邑縣。南至朔州四十里。户三千。

武州，〔一九〕宣威軍，下，刺史。趙惠王置武川塞。〔二〇〕魏置神武縣。〔二一〕唐末置武州。後唐改毅州。〔二二〕重熙九年復武州，號宣威軍。統縣一：

神武縣。魏置。晉改新城。〔二三〕後唐太祖生神武川之新城，即此。初隸朔州，後置州，併寧遠爲一縣〔二四〕來屬。户五千。

〔一〕今山西省朔州市。匈奴須知：「朔州，東至燕京一千里。」（見通鑑後晉開運二年（九四五）正月朔州胡注。）

〔二〕通鑑地理通釋卷一四石晉十六州考：「朔州馬邑郡，魏武帝置新興郡，晉改晉昌，後魏置懷朔鎮及朔州，隋爲馬邑郡，領善陽、馬邑二縣。」太平寰宇記卷五一：「馬邑城即今州城是也。搜神記云：昔秦人築地於武周塞内以備胡，城將成而崩者數矣，忽有馬馳走，周旋反覆，父老異之，因依走跡以築城，城乃不崩，遂名馬邑。」此是神話。馬邑得名，應如羊城、馬市之類。南京道灤縣有馬城。遷安縣有楊買驢城。

〔三〕索隱卷五：「案寰宇記：本文南上有西字。」

〔四〕通鑑卷一七二：「陳宣帝太建八年十二月，齊主欲自向北朔州。」胡注：「後齊置朔州於古馬邑城，於西河郡置南朔州，故謂馬邑爲北朔州。大元以朔州置順義節度，領鄯陽、寗谷二縣，而以馬邑縣置固州。」胡注同陳元靚事林廣記乙集之文。

〔五〕索隱卷五：「周書：武帝紀建德六年置。隋志：開皇初置總管府；元和志：隋開皇罷總管府，皆誤。大業初，府罷。」

〔六〕張正嵩墓誌銘（見全遼文卷四）：「考諫，天授帝（世宗）龍飛，除朔州順義軍節度使。」或在太宗時升改。

〔七〕長編：大中祥符三年十二月，「河東沿邊安撫司言：契丹於朔州南再置榷場。」（宋會要蕃夷二同。）常遵化墓誌銘（見全遼文卷一三）：「統和二十四年，奉命授朔州榷場都監，山積寶貨，功作雲興。」元混一輿地要覽：「統萬城，赫連勃勃於無定河北黑水之南築。」朔州志：「元姬山，州北三十里。後魏道武侍姬李姓善謳，卒葬此山，故名。」又：「白樓在古城内東北，後魏納秦姚興女爲后，建此樓以望故國，飾以鉛粉。因名。」

拾補卷四引夏之璜塞外橐中集：「新高山城對岸山，有寺踞其巔，一塔凌虚，巖巒特異，其寺云是遼后所建，猶有遺跡存焉。作造經樓詩：『山巔一塔俯溪流，殿閣遥疑小十洲，是否當年蕭后建，紅酥猶膩造經樓。』」

〔八〕隋書、新、舊唐書地理志及通考卷三一六作善陽。全遼文卷一〇甯鑑墓誌銘、元和郡縣圖志卷一四作鄯陽。在今朔州市城關。

〔九〕索隱卷五：「漢定襄郡，定襄在今歸化城土默特旗南，後漢改屬雲中郡，在今旗東，並非隋、唐善陽縣地。」

〔一〇〕索隱卷五：「晉志：新興郡，魏置。一統志：新興郡城在忻州南二十里，後漢建安中曹操所築，亦名建安城，則亦非此朔州地。」

〔一一〕索隱卷五：「魏志無之。隋志：馬邑郡善陽。又有後魏桑乾郡。一統志：郡城在今朔州東。」

〔一二〕今山西神池縣。索隱卷五：「高齊郡名二，不仍名桑乾也。隋志：後齊置縣曰招遠，郡曰廣安。開皇初郡廢。又云：後魏桑乾郡，後齊以置朔州及廣寧郡，後周郡廢。大業初，州廢。然則高齊郡名廣安、廣寧。」

〔一三〕元和郡縣圖志卷一四：「句柱山，在（鄯陽）縣東八十里。」朔州志卷五：「句注塞，趙襄子以其姊爲代王夫人，欲并代，約代王遇於此。」

〔一四〕索隱卷五：「唐志朔州無此縣。」

〔一五〕索隱卷五：「宋有寧遠砦，見下武州。」

〔一六〕即今朔州市東馬邑。在今朔州市東稍北四十里。遺址在今西影寺村棲靈寺旁。萬曆馬邑縣志卷上：「古寰州城，在城關西迆南，五代、唐置寰州，遼罷爲縣。古城即其舊址。」記纂淵海：「雁門關，在馬邑縣東七十里」。

〔一七〕索隱卷五：「晉永嘉後入代。」

〔一八〕索隱卷五：「唐志：代州北有大同軍，本大武軍。調露二年曰神武軍，天授二年曰平狄軍，大定元年復更名，是大同軍非開元五年始置，其軍城内馬邑縣，乃開元五年分鄯陽置耳。志誤。」

〔一九〕州治神武即今山西省神池縣。

〔二〇〕索隱卷五：「川當作州。史記匈奴傳：單臣單于貪馬邑財物，以十萬騎入武州塞。漢志：鴈門郡有武州縣故城，在今左雲縣南。水經濕水注引魏土地記曰：平城西三十里，武州塞口。」

〔二一〕索隱卷五：「魏志：神武郡領尖山、殊頹二縣，無神武縣。隋志朔州有神武縣。注：後魏置神武郡，後周罷郡。是神武縣改置自周始。其故城在今神池縣東北。」

〔二二〕輿地廣記卷一九：「毅州，本武州，唐末置，後唐長興元年改曰毅州。」通考卷三一六輿地二：「武州，後唐改爲毅州。」

後唐後字原脱，據上文「唐末」及通考卷三一六補。

〔二三〕索隱卷五：「案志似誤以元魏爲曹魏而叙在晉前。晉志：司州河南郡有新城縣，荆州有新城郡，皆不在此。考史記秦本紀：蒙驁攻趙新城。正義引括地志云：新城，一名小平城，在朔州善陽縣西南四十七里，是與白起所攻韓之新城不同。寰宇記又云：北齊天保六年，於今朔州南四十七里新城置朔州，八年徙馬邑，此即朔州新城，然不得云晉改。」

〔三四〕索隱卷五：「一統志：寧武府五寨縣，漢樓煩縣地，建安以後爲新興郡地，後魏爲神武郡地，隋、唐以後屬馬邑郡。宋熙寧初置寧遠砦，後爲遼所取，置寧遠縣，屬朔州，尋廢，入神武縣，屬武州。」

按大康五年武州經幢題「大遼武州寧遠縣」。或係重熙復州時，與神武並存。（參見山西通志、寧武縣志、山右石刻叢編）。

東勝州，〔一〕**武興軍**，下，刺史。隋開皇七年置勝州。〔二〕大業五年改榆林郡。唐貞觀五年於南河地置決勝州，故謂此爲東勝州。〔三〕天寶七年又爲榆林郡。乾元元年復爲勝州。太祖神册元年破振武軍，勝州之民皆趨河東，州廢。晉割代北來獻，〔四〕復置。兵事屬西南面招討司。統縣二：

榆林縣。〔五〕

河濱縣。〔六〕

〔一〕今內蒙古呼和浩特市托克托縣。

〔二〕索隱卷五：「隋志：開皇二十年置，元和志同。」

元和郡縣志卷四：「隋開皇七年置榆林縣，即漢之榆谿塞，屬雲州。二十年改屬勝州。皇朝（唐）因之。」舊唐書卷三八地理志：「隋置勝州。大業爲榆林郡。武德中，平梁師都，復置勝州。天寶元年，復爲榆林郡。乾元元年，復爲勝州。」新唐書卷三七地理志：「勝州榆林郡，武德中，没梁師都，師都平，復置。縣二：榆林、河濱。」

太平寰宇記卷三八：「勝州，正東至黃河四十里，正北至黃河五里，西北至黃河二十里，東北至黃河十里。」

金史卷二四地理志：「東勝州，國初置武興軍，有古東勝城。縣一、鎮一。東勝。鎮一，寧化。」

讀史方輿紀要卷六一：「榆林廢縣，故勝州治也。五代梁貞明二年，契丹阿保機破振武軍，勝州之民皆趨河東。石晉初，以代北地割屬契丹，因置東勝州，縣亦還治焉。」

明史卷四一地理志：「東勝衛（元東勝州），洪武四年正月，州廢，置衛。」

山西通志卷五四：「東勝州，不治縣，故城在今托克托廳。」綏遠通志稿卷一二上：「東勝州故城，遼置。在今托克托縣，黃河東岸。」

清一統志卷一二四：「東勝州故城，在托克托城地，黃河東岸，本唐東受降城地，遼置東勝州。大同舊志：東勝城在大同府西北五百里，與故勝州隔河相望。即今之托克托城也。」

一九六三年在内蒙古伊克昭盟准格爾旗北部十二連城公社出土唐開元十九年姜義貞墓誌，稱「勝州榆林縣人，殯在州城南一里」。今出土墓誌北一里有古城遺址，已勘定爲勝州。

〔三〕索隱卷五：「隋、唐之勝州並在今鄂爾多斯左翼後旗，黄河西岸，絶無東勝州之名。」勝州自遷河東稱東勝州。東京道亦有勝州，同名異地。

按本史卷一五聖宗紀開泰六年七月作勝州。卷二一道宗紀清寧四年三月，卷二九天祚帝紀保大二年四月、四年七月、卷四八百官志四，並作東勝州。

〔四〕通鑑後晉紀開運二年（九四五）正月朔州胡注：「勝州不係天福初所割十六州之數。契丹乘勢併取之也。」宋白曰：「勝州正東至黄河四十里，去朔州四百二十里。」

〔五〕索隱卷五：「此縣爲遼東勝州所治，非唐榆林郡縣之舊。」

〔六〕明一統志卷二一：「河濱廢縣，在（大同）府城西五百餘里，隋榆林縣地，唐析置此縣屬勝州，縣東北有河濱關，後廢，遼復置，屬東勝州。」按本史卷一五聖宗紀開泰六年七月置寧仁縣於勝州。此志雲内州有寧人縣。寧人即寧仁，應是改屬。

金肅州。〔一〕重熙十二年伐西夏置。割燕民三百户，防秋軍一千實之。〔二〕屬西南面招討司。

〔一〕今內蒙古自治區准格爾旗西北。

〔二〕本史卷二九天祚帝紀保大三年五月，卷三六兵衛志下，卷四六、四八百官志二、四，並作金肅軍。

河清軍。〔一〕西夏歸遼，開直路以趨上京。重熙十二年建城，號河清軍。〔二〕徙民五百户，防秋兵一千人實之。屬西南面招討司。

〔一〕今內蒙古自治區東勝市東北。

〔二〕索隱卷五：「宋史夏國傳云：金人滅遼，許割天德、雲內、金肅、河清四軍及武州等八館之地。夏人乘金與宋攻戰之際，遂由金肅、河清渡河自取之。金兀室掩至天德，逼逐夏人，悉奪天德、雲內、河東八館，惟金肅，河清在大河西，金不能取。可推知遼舊建置在河西岸，當漢朔方郡臨河縣故地。」

〔補〕**撫州。**〔一〕

桃山。〔二〕

〔一〕金史卷二四地理志：「西京路撫州，遼秦國大長公主建爲州。有旺國崖，麻達葛山，冰井。柔遠（縣）倚。置於燕子城。有北羊城，查剌嶺，沔山，大漁濼。有雙山，七里河，石井，蝦蟆山，昂吉濼又名鴛鴦濼，得勝口舊名北望淀。」索隱卷五：「是金之撫州始於遼。考公主表：秦晉國大長公主有二人。一聖宗女巖母堇，一道宗女特里。然聖宗女既置成州，則此撫州爲道宗女之頭下州。」本史卷八景宗紀保寧五年七月，乾亨二年四月駐蹕燕子城即此地。乾統初置州，不久即入於金，故遼志不著。金趙秉文詩：「燕賜城邊春草生，野狐嶺外斷人行。」（見滏水集卷八撫州二首）亦應指此。燕賜城，宴賜城，燕子城均一音訛轉。五年一宴賜（參見中州集卷三）。清一統志卷四〇九：鑲黃等四旗牧場西南二十里興和故城，本撫州，土人名喀喇巴爾哈孫。民國張北縣志卷二：「燕子城，舊興和路，即今之張北縣。」又：「鴛鴦濼，在縣城西北八十里，即今之安固里諾爾。」本史聖宗紀、道宗紀、天祚紀作鴛鴦濼，卷三三營衛志、卷三四兵衛志稱鴛鴦泊，在幽州北千里。

〔二〕遺山集卷二七龍虎衛上將軍術虎公神道碑：「子孫以世官故，移戍西北路桃山之陽，因占籍撫州。」

遼史補注卷四十二

志第十二

曆象志上

遼以幽、營立國，禮樂制度規模日完，授曆頒朔二百餘年。今奉詔修遼史，體與宋、金儗，其大明曆不可少也。曆書法禁不可得，求大明曆元，得祖冲之法于外史。冲之之法，遼曆之所從出也歟？國朝亦嘗因之。以冲之法算，而至於遼更曆之年，以起元數，是蓋遼大明曆。遼曆因是固可補，然弗之補，史貴闕文也。外史紀其法，司天存其職，遼史志是足矣。作曆象志。

曆

大同元年，太宗皇帝自晉汴京收百司僚屬伎術曆象，遷于中京，遼始有曆。先是，梁、唐仍用唐景福崇玄曆。〔一〕晉天福四年，司天監馬重績奏上乙未元曆，號調元曆，〔二〕太宗所收于汴是也。穆宗應曆十一年，司天王白、李正等進曆，蓋乙未元曆也。聖宗統和十二年，可汗州刺史賈俊進新曆，則大明曆是也。高麗所志大遼古今録稱統和十二年始頒正朔改曆，驗矣。大明曆本宋祖冲之法，[三]具見沈約宋書。具如左。

宋武帝大明六年，祖冲之上甲子元曆法，未及施用，因名大明曆。

上元甲子至宋大明七年癸卯，五萬一千九百三十九年算外。

元法：五十九萬二千三百六十五。

紀法：三萬九千四百九十一。

章歲：三百九十一。

章月：四千八百三十六。

章閏：一百四十四。

閏法：十二。

月法：十一萬六千三百二十一。

日法：三千九百三十九。

餘數：二十萬七千四百四十四。

歲餘：九千五百八十九。

沒分：三百六十萬五千九百五十一。

沒法：五萬一千七百六十一。

周天：一千四百四十二萬四千六百六十四。

虛分：萬四百四十九。

行分法：二十三。

小分法：一千七百一十七。

通周：七十二萬六千八百一十。

會周：七十一萬七千七百七十七。

通法：二萬六千三百七十七。

差率：三十九。

推朔術：

置入上元年數算外，以章月乘之，滿章歲爲積月，不盡爲閏餘。閏餘二百四十七以上，其年有閏。以月法乘積月，滿日法爲積日，〔四〕不盡爲小餘。六旬去積日，不盡爲大餘。大餘命以甲子，算外，所求年天正十一月朔也。小餘千八百四十九以上，其月大。

求次月：

加大餘二十九，小餘二千九十。小餘滿日法從大餘，〔五〕大餘滿六旬去之，命如前，次月朔也。

求弦望：

加朔大餘七，小餘千五百七，小分一。小分滿四從小餘，小餘滿日法從大餘，命如前，上弦日也。又加得望，又加得下弦，又加得後月朔也。

推閏術：

以閏餘減章歲，餘滿閏法得一月，命以天正，算外，閏所在也。閏有進退，以無中氣爲正。

推二十四氣：

置入上元年數算外，以餘數乘之，滿紀法爲積日，不盡爲小餘。六旬去積日，不盡爲大餘。大餘命以甲子，算外，天正十一月冬至日也。

求次氣：

加大餘十五，小餘八千六百二十六，小分五。小分滿六從小餘，小餘滿紀法從大餘，〔六〕命如前，次氣日也。

求土王用事：

加冬至大餘二十七，小餘萬五千五百二十八，季冬土用事日也。〔七〕又加大餘九十一，小餘萬二千二百七十，次土用事日也。

推没術：

以九十乘冬至小餘，以減没分，滿没法爲日，不盡爲日餘，命日以冬至，算外，没日也。

求次没：

加日六十九，日餘三萬四千四百四十二，餘滿没法從日，次没日也。日餘盡爲滅。

推日所在度術：

以紀法乘朔積日爲度實，周天去之，餘滿紀法爲積度，不盡爲度餘。命以虚一，次宿除之，算外，天正十一月朔夜半日所在度也。

求次月：

大月加度三十，小月加度二十九，入虚去度分。

求行分：

以小分法除度餘，所得爲行分，不盡爲小分，小分滿法從行分，行分滿法從度。

求次日：

加一度。入虚去行分六，小分百四十七。

推月所在度術：

以朔小餘乘百二十四爲度餘，又以朔小餘乘八百六十爲微分，微分滿月法從度餘，〔八〕度餘滿紀法爲度。以減朔夜半日所在，則月所在度。

求次月：

大月加度三十五，度餘三萬一千八百三十四，微分七萬七千九百六十七，小月加度二十二，度餘萬七千二百六十一，微分六萬三千七百三十六，入虛去度也。

遲疾曆：〔九〕

月行度	損益率	盈縮積分	差法
一日　十四行分十三	益七十	盈初	五千三百四
二日　十四十一	益六十五	盈百八十四萬二千三百一十六	五千二百七十
三日　十四八	益五十七	盈三百五十五萬七百六	五千二百一十九
四日　十四四	益四十七	盈五百五萬八千三百八	五千一百五十一
五日　十三二十一	益三十四	盈六百二十九萬七千八百五十七	五千六十六

六日	十三十七	益二十二	盈七百二十萬二千六百九十一	四千九百八十一
七日	十三十一	益六	盈七百七十七萬二千七百一十一	四千八百七十九
八日	十三五	損九	盈七百九十四萬九百五十二	四千七百七十七
九日	十二二十二	損二十四	盈七百七十萬七千四百一十五	四千六百七十五
十日	十二十六	損三十九	盈七百七萬二千一百	四千五百七十三
十一日	十二十一	損五十二	盈六百三萬五千七	四千四百八十八
十二日	十二八	損六十	盈四百六十六萬三千一百	四千四百三十七
十三日	十二六	損六十五	盈三百九萬三百三	四千四百三
十四日	十二四	損七十	盈百三十八萬三千五百八十	四千三百六十九
十五日	十二五	益六十七	縮四十五萬七千六百六十九	四千三百八十六
十六日	十二七	益六十二	縮二百二十三萬七百五十五	四千四百二十

十七日　十二十	益五十五	縮三百八十七萬五十四	四千四百七十一
十八日　十二十四	益四十四	縮五百三十一萬九千三百八十五	四千五百二十九
十九日　十二十九	益三十二	縮六百四十八萬四百四	四千六百二十四
二十日　十三	益十九	縮七百三十一萬六千六百八	
二十一日　十三七	益四	縮七百八十一萬七千九百九十六	四千八百一十一
二十二日　十二十二	損十一	縮七百九十一萬七千六百七	四千九百一十三
二十三日　十三十九	損三十七	縮七百六十一萬五千四百四十	五千一十五
二十四日　十四一	損三十九	縮六百九十萬一千四百九十五	五千一百
二十五日　十四十六	損五十二	縮五百八十七萬一千七百三十五	五千一百八十五
二十六日　十四十	損六十二	縮四百四十九萬九千一百五十九	五千二百五十三
二十七日　十四十二	損六十七	縮二百八十五萬七千七百三十二	五千二百八十七
二十八日　十四十	損七十四	縮百八萬二千三百七十九	五千三百三十一

推入遲疾曆術：

以通法乘朔積日爲通實，通周去之，餘滿通法爲日，不盡爲日餘。命日算外，天正十一月朔夜半入曆日也。

求次月：

大月加二日，小月加一日，日餘皆萬一千七百四十六。曆滿二十七日，日餘萬四千六百三十一，則去之。

求次日：

加一日。

求日所在定度：

以夜半入曆日餘乘損益率，以損益盈縮積分，如差率而一，所得滿紀法爲度，不盡爲度餘，以盈加縮減平行度及餘爲定度。益之或滿法，損之或不足，以紀法進退。求度行分如上法。求次日，如所入遲疾加之。虛去分，如上法。

陰陽曆：

	損益率	兼數
一日	益十六	初
二日	益十五	十六
三日	益十四	三十一
四日	益十二	四十五
五日	益九	五十七
六日	益五	六十六
七日	益一	七十一
八日	損二	七十二
九日	損六	七十
十日	損十	六十四

十一日	損十三	五十四
十二日	損十五	四十一
十三日	損十六	二十六
十四日	損十六	十

推入陰陽曆術：

置通實以會周去之，不滿交數三十五萬八千八百八十八半爲朔入陽曆分，〔一〇〕各去之，爲朔入陰曆分，各滿通法得一日，不盡爲日餘。命日算外，天正十一月朔夜半入曆日也。

求次月：

大月加二日，小月加一日，日餘皆二萬七百七十九。曆滿十三日，日餘萬五千九百八十七半，則去之。陽竟入陰，陰竟入陽。

求次日：

加一日。

求朔望差：

以二千二十九乘朔小餘，滿三百三爲日餘，不盡倍之爲小分，則朔差數也。加一十四日，日餘二萬一百八十六，小分百二十五。小分滿六百六從日餘，日餘滿通法爲日，即望差數也。又加之，後月朔也。

求合朔月食：

置朔望夜半入陰陽曆及餘，有半者去之，置小分三百三，以差數加之。小分滿六百六從日餘，日餘滿通法從日，日滿一曆去之。命日算外，則朔望加時入曆也。朔望加時入曆一日，日餘四千一百九十八，小分四百二十八以下，十二日，日餘萬一千七百八十八，小分四百八十一以上，朔則交會，望則月食。

求合朔月食定大小餘：

令差數日餘加夜半入遲疾曆餘，〔二〕日餘滿通法從日，則朔望加時入曆也。以入曆餘乘損益率，以損益盈縮積分，如差法而一，以盈減縮加本朔望小餘爲定小餘。益之或滿法，損之或不足，以日法進退日。

求合朔月食加時：

以十二乘定小餘，滿日法得一辰，命以子，算外，加時所在辰也。有餘者四之，滿日法得一爲少，二爲半，三爲太。又有餘者三之，滿日法得一爲强，以强并少爲少强，并半爲半强，并太爲太强。得二者爲少弱，以并少爲半弱，并半爲太弱，〔一二〕并太爲一辰弱，以前辰名之。

求月去日道度：

置入陰陽曆餘乘損益率，如通法而一，以損益兼數爲定。定數十二而一爲度。不盡四而一，爲少、半、太。又不盡者三而一，〔一三〕一爲强，二爲少弱，則月去日道數也。陽曆在表，陰曆在裏。

測景漏刻中星數：〔一四〕

二十四氣	日中景	晝漏刻	夜漏刻	昏中星度	明中星度
冬至	一丈三尺	四十五	五十五	八十二行分二十一	二百八十三行分八
小寒	一丈二尺四寸三分	四十五六	五十四四	八十四	二百八十二六
大寒	一丈一尺二寸	四十六七	五十三二	八十六一	二百八十六
立春	九尺八寸	四十八四	五十一六	八十九三	二百七十七三
雨水	八尺一寸七分	五十五	四十九五	九十三	二百七十三七

驚蟄	六尺六寸七分	五十二九	四十七一	九十一	二百六十八二十
春分	五尺三寸七分	五十五五	四十四五	百二三	二百六十四三
清明	四尺二寸五分	五十八一	四十一九	百六二十一	二百五十九八
穀雨	二尺二寸六分	六十四	三十九六	百一十一三	二百五十四四
立夏	二尺五寸三分	六十二四	三十七六	百一十四十八	二百五十一七
小滿	一尺九寸九分	六十三九	二十六一	百一十七十二	二百四十八十七
芒種	一尺六寸九分	六十四八	二十五二	百一十九四	二百四十七二
夏至	一尺五寸	六十五	三十五	百一十九十二	二百四十六十七
小暑	一尺六寸九分	六十四八分	三十五一	百一十九四	二百四十七一
大暑	一尺九寸九分	六十三九	三十六一	百一十七十二	二百四十八十七
立秋	二尺五寸三分	六十二四	三十七六	百一十四十八	二百五十一十一

處暑	三尺二寸六分	六十 四	三十九 六	百一十一 二	二百五十四 四
白露	四尺二寸五分	五十八 一	四十一 九	百六 二十一	二百五十九 八
秋分	五尺三寸七分	五十五 五	四十四 五	百二 三	二百六十四 三
寒露	六尺六寸七分	五十二 九	四十七 一	九十七 九	二百六十八 二十
霜降	八尺一寸七分	五十 五	四十九 五	九十三	二百七十三 七
立冬	九尺八寸	四十八 四	五十一 六	八十九 三	二百七十七 三
小雪	一丈一尺二寸	四十六 七	五十三 三	八十六 一	二百八十 六
大雪	一丈二尺四寸三分	四十五 六	五十四 四	八十四	二百八十二 六

求昏明中星：

各以度數如夜半日所在，〔一五〕則中星度。

推五星術：

木率：千五百七十五萬三千八十二。

火率：三千八十萬四千一百九十六。
土率：千四百九十三萬三百五十四。
金率：二千三百六萬一十四。
水率：四百五十七萬六千二百四。

推五星術：

置度實各以率去之，餘以減率，其餘，如紀法而一，爲入歲日，不盡爲日餘，命以天正朔，算外，星合日。

求星合度：

以入歲日及餘從天正朔日積度及餘，滿紀法從度，滿三百六十餘度分則去之，命以虛一，算外，星合所在度也。

求星見日：

以術伏日及餘加星合日及餘，餘滿紀法從日，命如前，見日也。

求星見度：

以術伏度及餘加星合度及餘，餘滿紀法從度，入虛去度分，命如前，星見度也。

行五星法：

以小分法除度餘，所得爲行分，不盡爲小分，及日加所行分，滿法從度，留者因前，逆則減之，伏不盡度。〔一六〕從行入虛，去行分六，小分百四十七，逆行出虛，則加之。

木星：

初與日合，伏，十六日，日餘萬七千八百三十二，行二度，度餘三萬七千五百四，晨見東方。從，日行四分，百一十二日行十九度十一分。留，二十八日。逆，日行三分，八十六日退十一度五分。又留二十八日。〔一七〕從，日行四分，百一十二日，〔一八〕夕伏西方，日度餘如初。一終三百九十八日，日餘三萬五千六百六十四，〔一九〕行三十三度，度餘二萬五千二百一十五。

火星：

初與日合，伏，七十二日，〔二〇〕日餘六百八，行五十五度，度餘二萬八千八百六十五，晨見東方。從，疾，日行十七分，九十二日行六十八度。小遲，日行十四分，九十二日行五十六度。大遲，日行九分，九十二日行三十六度。留，十日。逆，日行六分，六十四日退十六度十六分。又留，十日。從，遲，日行九分，九十二日。小疾，日行十四分，九十二日。大疾，日行十七分，九十二日。夕伏西方，日度餘如初。一終七百八十日，日餘千二百一十六，行四百一十四度，度餘三萬二百五十八，除一周，定行四十九度，度餘萬九千八百九。

土星：

初與日合，伏，十七日，日餘千三百七十八，行一度，度餘萬九千三百三十三，晨見東方，行順，日行二分，八十四日行七度七分。留，三十三日。行逆，日行一分，百一十日退四度十八分。又留，三十三日。從，日行二分，八十四日，夕伏西方，日度餘如初。一終三百七十八日，日餘二千七百五十六，行十二度，度餘三萬一千七百九十八。

金星：

初與日合，伏，三十九日，日餘三萬八千一百二十六，行四十九度，度餘三萬八千一百二十六，夕見西方。從，疾，日行一度五分，九十二日行百十二度。小遲，日行一度四分，九十二日行百八度。大遲，日行十七分，四十五日行三十三度六分。〔二一〕留，九日。遲，日行十六分，〔二二〕九日退六度六分，夕伏西方。伏五日，退五度，而與日合。又五日退五度，而晨見東方。逆，日行十六分，九日。留，九日。從，遲，日行十七分，四十五日。小疾，日行一度四分，九十二日。大疾，日行一度五分，九十二日。晨伏東方，日度餘如初。一終五百八十三日，日餘三萬六千七百六十一，行星如之。除一周，定行二百十八度，度餘二萬六千三百一十三。〔二三〕合二百九十一日，〔二四〕日餘三萬八千一百二十六，行星亦如之。

水星：

初與日合，伏，十四日，日餘三萬七千一百一十五，行三十度，度餘三萬七千一百一十五，夕見西方。從，疾，日行一度六分，二十三日行二十九度。遲，日行二十分，八日行六度二十二分。留，二日。遲，日行十一分，二日退二十二分，〔二五〕夕伏西方。伏八日，退八度，而與日合。又八日退八度，晨見東方。逆，日行十一分，二日。留，二日。從，遲，日行二十分，八日。疾，日行一度六分，二十三日。晨伏東方，日度餘如初。一終百一十五日，日餘三萬四千七百三十九，行星如之。一合五十七日，日餘三萬七千一百一十五，行星亦如之。

上元之歲，歲在甲子，天正甲子朔夜半冬至，日月五星聚于虛度之初，陰陽遲疾並自此始。

梁武帝天監三年，冲之子暅上疏，論何承天曆乖謬不可用。九年正月，詔用祖冲之所造甲子元曆頒朔。陳氏因梁，亦用祖冲之曆。至遼，聖宗以賈俊所進新曆，因宋大明舊號行之。金曰重修大明曆。〔二六〕傳至皇元亦曰重修大明曆。及改授時曆，别立司天監存肄之，每歲甲子冬至重修其法。書在太史院，禁莫得聞。

〔一〕索隱卷六：「舊五代史曆志：梁氏歲曆猶用宣明、崇元二法參而成之。玉海引五代史亦云：梁用宣明、崇元二法。又引唐藝文志長慶宣明曆三十四卷、景福崇元曆四十卷。」

〔二〕錢氏考異卷八三：「司天監馬績奉上乙未元曆。五代史作馬重績，蓋避晉出帝諱，去上一字。」今百衲本有重字。輯本元一統志卷一：「馬重績，字洞微。少學數，明太乙、五紀、八象、三統大曆。居太原。」

索隱卷六：「案五代志晉司天監馬重績始造新曆，取唐天寶十四載乙未立爲上元，以雨水正月朔爲歲首，高祖賜號調元曆。又五代史記司天考：馬重績不復推古上元甲子冬至七曜之會。初，唐建中時，術者曹士蔿始變古法，以顯慶五年爲上元，雨水爲歲首，號符天曆。然世謂之小曆，衹行於民間。而重績乃用以爲法，遂施於朝廷，行之五年，輒差不可用，復用崇元曆。」困學紀聞卷九曆數：「唐曹士蔿七曜符天曆，一云合元萬分曆，本天竺曆法。」

〔三〕錢氏考異卷八三：「祖冲之曆，已見前史，而此志全録之，蓋作史者徒求卷帙之富，於史例無當也。」汪曰楨古今推步諸術考卷下云：「遼賈俊大明曆無考，見遼史志。謂即劉宋時祖冲之大明術，其説出於臆度附會；實則『大明』之名偶同，非即祖術也。」檢本志下文稱：「至遼，聖宗以賈俊所進新曆，因宋大明舊號行之。」是元人修史時已知賈俊新曆與宋祖冲之術不同，不過因襲大明舊號。但本卷仍全録宋書卷一三所載祖冲之曆。

〔四〕「積日」原誤「積月」，據宋書卷一三改。

〔五〕「小」字原脱，據曆理補。

〔六〕「小餘」二字原脱，據宋書卷一三補。

〔七〕季冬土用事日也　「冬」原誤「月」，據宋書卷一三改。

〔八〕微分滿月法從度餘　「餘」字原脱，據曆理補。

〔九〕遲疾曆　表中數字據曆理推算應校改如下：

第一格：行五，行分二十一應作二十二。行二十，應補行分一。行二十二，月行度十二應作十三，行分十二亦應作十三。行二十五，行分十六應作六。行二十八，行分十應作十四。

第二格：行二十三，三十七應作二十七。

第三格：行四，五百五萬八千三百八，三百八應作二百八。行七，七百七十七萬二千七百一十一，末「一」字應删。行十七，三百八十七萬五十四，五十四應作五百一十四。行十八，五百三十一萬應作五百三十萬。行二十四，六百九十萬應作六百九十一萬。行二十五，五百八十七萬一千，一千應作二千。

第四格：行十八，四千五百二十九，二十九應作三十九。行二十，應補「四千七百九」五字。行二十八，五千三百三十一，三十一應作二十一。

〔一〇〕不滿交數三十五萬八千八百八十八半爲朔入陽曆分　「三」原誤「二」，據宋書卷一三改。

〔一一〕令差數日餘加夜半入遲疾曆餘　「令」原誤「合」，據宋書卷一三改。

〔一二〕并少爲半弱并半爲太弱　此十字原脱，據算理補。

〔一三〕不盡四而一爲少半太又不盡者三而一　「四」原誤「三」，「三而一」原脱，據算理補正。

〔一四〕測景漏刻中星數　表中數字應校改如下：大寒，夜漏刻分「二」應作「三」，明中星度行分「六」應作「五」。雨水，明中星度行分「七」應作「六」。驚蟄，昏中星度「九十一」應作「九十七」，補行分「九」。穀雨，日中景「二尺二寸六分」應作「三尺二寸六分」，昏中星度行分「三」應作「二」，明中星度「二百五十四」應作「二百五十五」。立夏，明中星度行分「七」應作「十一」。小滿，夜漏刻「二十六」應作「三十六」。芒種，夜漏刻「二十五」應作「三十五」。小暑，晝漏刻分「八分」，「分」字衍；夜漏刻分「一」應作「二」；明中星度行分「一」應作「二」。處暑，明中星度「二百五十四」應作「二百五十五」。霜降，明中星度行分「七」應作「六」。

〔一五〕各以度數如夜半日所在　「如」應作「加」。

〔一六〕伏不盡度　「盡」應作「書」。

〔一七〕又留二十八日　「二」原誤「一」。據宋書卷一三改。

〔一八〕百一十二日　「二」原誤「五」。據宋書卷一三改。

〔一九〕日餘三萬五千六百六十四　「三萬」原誤「五萬」。據宋書卷一三改。

〔二〇〕初與日合伏七十二日　「七十二日」原誤「二十七日」。據宋書卷一三改。

〔二一〕四十五日行三十三度六分　「三十三度」原誤「二十三度」。據宋書卷一三改。

〔二二〕遲日行十六分　「遲」應作「逆」。

〔二三〕度餘二萬六千三百一十三　「二十三」應作「一十二」。

〔二四〕合二百九十一日　「合」上應補「一」字。

〔二五〕遲日行十一分二日退二十二分　「遲」應作「逆」。「二十二分」原誤「二十一分」。據宋書卷一三改。

〔二六〕朱文鑫十七史天文諸志之研究：「金史曆志載趙知微重修大明曆七篇，與宋紀元曆大同小異。……金初，楊級造大明曆，志言『其所本不能詳，或曰因宋紀元曆而增損之』。而志所載僅大明之積年日法，其詳不可考。但知微曆具載於志，元元本本，揆其用數，皆與紀元相同，由是足證靖康之變，紀元爲金所得，楊級即襲其法而稍加增損，知微重修大明，更改積年，不過署爲修正而已。然則金曆之襲取紀元，已爲顯見。元史曆志云：『許衡等以爲金雖改曆，止以宋紀元曆微加增益，實未嘗測驗於天。』是也。」

遼史補注卷四十三

志第十三

曆象志中

閏考

月度不足，是生朔虚；天行有餘，是爲氣盈。盈虚相懸，歲月乃牉。積牉而差，寒暑互易，百穀不成，庶政不明。聖人驗以斗柄，準以歲星，爰立閏法，信治百官。是故閏正而月正，月正而歲正。歲月既正，頒令考績，無有不時。國史正歲年以叙事，莫重於此。

遼始征曆梁、唐。入晉之後，奄有帝制，乙未、大明，曆法再變。穆宗應曆六年，周用顯德欽天曆；〔一〕十年，宋用建隆應天曆。〔二〕景宗乾亨四年，宋用乾元曆。〔三〕聖宗統和十九年，宋用儀天曆；〔四〕太平元年，宋用崇天曆。〔五〕道宗清寧十年，宋用明天曆；〔六〕大康元年，宋用奉元曆；〔七〕大安七年，宋用觀天曆。〔八〕天祚皇帝乾統六年，宋用紀元曆。〔九〕五代曆三變，宋凡八變，〔一〇〕遼終始再變。曆法不齊，故定朔置閏，時有不同，覽者惑焉。作閏考。

年	正	二	三	四	五	六	七	八	九	十	十一	十二
首缺五閏〔一一〕太祖神冊五年						閏 耶律儼 陳大任						
天贊二年〔一二〕				梁閏								

缺一閏 太宗天顯三年	六年	九年
		閏 儼 大任 唐
	閏 儼 唐	
閏 儼		

十一年	會同二年〔一三〕	缺一閏 七年
	閏 儼 大任 晉	
閏 儼 大任 唐		
		閏 儼 大任

大同元年〔一四〕	穆宗應曆三年　缺再閏	五年
閏　儼大任　高麗十年七月		
		閏　儼大任

八年	十一年	十三年
	閏 儼 大任 宋	
閏 儼 大任		
		宋閏

十六年							閏 儼 大任 宋					
十九年					宋閏							
景宗保寧四年	閏 儼 大任 宋											

六年	九年	乾亨二年
		閏 儼 大任 宋
	宋閏	
宋閏		

四年	聖宗統和三年〔一五〕	六年
		閏 儼 大任
	宋閏	
宋閏		

九年〔一六〕	十一年	十四年
閏 儼 大任 宋 高麗		
		閏 大任 宋
	宋閏 高麗	

十七年	十九年	二十二年
宋閏		
		閏　大任　宋
	閏　儼　大任	
	宋閏　異	

二十五年	二十八年	開泰元年
	宋閏	
宋閏		
		宋閏

四年						宋閏						
七年				宋閏								
九年〔一七〕		閏 儼										宋閏 異

	1	2	3	4	5	6	7	8	9	10	11	12
太平三年									閏 儼 宋			
六年					宋閏							
九年		宋閏										

十一年									閏 儀 大任 宋 高麗		
興宗重熙三年						宋閏					
六年				閏 儀 宋							

八年	十一年	十四年
		閏 儼 宋
	閏 儼 宋	
閏 儼 宋 高麗		

十七年	十九年	二十二年
閏　儀　宋　高麗		
		閏　儀　宋
	閏　儀　宋　高麗	

道宗清寧二年			閏 儼 宋								
四年											閏 儼 宋
七年								宋閏			

十年	咸雍三年	五年
	宋閏	
宋閏		
		閏 大任 宋

八年							閏 儼 宋					
大康元年				閏 儼 大任 宋								
三年 宋閏來年正月，異。〔一八〕												閏 儼

六年	九年	大安四年〔一九〕
	閏 儼 大任 宋	
宋閏		
		閏 儼 大任 宋 高麗

七年								宋閏				
十年				閏 大任 宋								
壽昌三年		宋閏										

五年	天祚乾統二年	五年
		宋閏
	閏 儼 大任 宋	
閏 儼 大任 宋		

七年										宋閏		
十年〔二〇〕							閏 儼 大任	宋閏 異				
天慶三年				閏 儼 大任 宋								

六年	八年	保大元年
閏 儼 大任 宋		
		宋閏
	閏 儼 大任 宋	

四年	閏
	儼
	大任
	宋

〔一〕索隱卷六：「玉海：顯德三年，王朴奏上欽天曆。」

〔二〕索隱卷六：「建隆四年，司天少監王處訥上，則當遼應曆十三年，與志十年不合。」

〔三〕索隱卷六：「案太平興國七年，司天冬官正吴昭素獻新曆，賜號乾元。」

〔四〕索隱卷六：「案咸平四年，判司天監史序等上，賜名儀天，乃王處訥子熙元所修。」

〔五〕索隱卷六：「案天聖元年司天監上，保章正張奎、靈臺郎楚衍所造，賜名崇天。是當遼太平三年，志上云太平元年不合。」

〔六〕索隱卷六：「案嘉祐八年，命判司天監周琮更造新曆，治平二年曆成，賜名明天。是當遼咸雍元年，較志所云清寧十年差一年。」

〔七〕索隱卷六：「案熙寧八年，右正言、知制誥沈括上衛朴所爲奉元曆，元豐元年，詔提舉司天監集曆官考筭遼、高麗、日本國與奉元曆同異。」

〔八〕索隱卷六：「案元祐五年改造新曆，六年賜名觀天，紹聖元年頒行。是頒行當遼大安十年，志云大安七年不合。」

〔九〕索隱卷六：「案崇寧五年紀元曆成，大觀元年頒用，當乾統七年。志云乾統六年，亦差一年。」

〔一〇〕索隱卷六：「玉海亦云：自建隆至崇寧，凡八改曆。」

〔一一〕首缺五閏，檢汪曰楨歷代長術輯要（以下稱輯要）、陳垣二十史朔閏表（以下稱陳表），自太祖元年至神册四年，實缺四閏，即太祖三年閏八月，六年閏五月，九年閏二月，神册二年閏十月。按閏考登録遼及五代、宋之閏，頗多缺誤。因下卷朔考兼載閏、朔，茲於下卷詳校其訛脱，本卷僅舉例説明，以省煩文。

〔一二〕天贊二年，「二」字原缺。檢舊五代史梁末帝紀、唐莊宗紀及輯要、陳表，梁龍德三年（唐同光元年）閏四月。是年當遼天贊二年，據補。又天贊四年閏十二月，通欄缺。下欄天顯三年注「缺一閏」，應即指四年十二月之閏，凡此皆仍存原式不補。又天贊四年四月梁閏。索隱卷六：「案通鑑目録長曆，是年旃蒙作噩閏十二月，非四月。且是唐同光三年，亦不當爲梁閏。若以梁閏四月推之，則龍德三年遼天贊二年昭陽協洽歲四年字訛。（紀、表）官本考證未及此，故補之。」

〔一三〕會同二年，檢本史卷四太宗紀及輯要、陳表，是年閏七月，此作閏五月誤。朔考不誤。

〔一四〕大同元年，元，原誤「九」。按本史卷五世宗紀，大同元年世宗改元天禄，無九年。又據輯要、陳表，大同元年閏七月。據改。又原注「高麗十年七月」，疑當爲「高麗來年七月」，謂高麗於次年閏七月也。

〔一五〕統和三年，檢輯要、陳表，是年遼閏八月，與宋閏九月異，此失書遼閏。

〔一六〕統和九年，二月内「高麗」二字，原誤入下欄十一年二月内，原注云：「誤，當在九年。」今依注移此，省注文。

〔一七〕開泰九年，按是年遼、宋同閏十二月。此作遼閏二月、宋閏十二月，以同爲異，誤。朔考亦誤。

〔一八〕大康三年，長編：「神宗熙寧十年八月己丑，是歲本朝（宋）曆（冬至）先契丹一日，契丹固執其曆爲是。（使臣蘇）頌曰：『曆家算術小異，則遲速不同。謂如亥時節氣當交，則猶是今夕。若踰刻則屬子時，爲明日矣。或先或後，各從本朝之曆可也。』」

夢溪筆談卷七：「熙寧十年閏十二月，（奉元曆）改爲閏正月。四夷朝貢者用舊曆。」

能改齋漫録卷一二：「神宗元豐元年，歲在戊午，閏正月。時知定州薛向，繳大遼國所印曆日，稱閏月乃在十二月，與本朝不同。乞送司天監重定。時議者以兩朝賀正之禮爲疑，而臺章以爲正朔爲大，賀正爲小，兩朝之閏不同。即不過本朝之使，先期而賀正於彼；彼國之使，後期而賀正於此。料彼必不肯改以就此，則本朝豈得改而就彼乎？其後本朝竟不能改。」

范太史集卷三九天章閣待制楊繪墓誌：「（繪）言：不宜用大遼曆改閏月，從之。」

石林燕語卷九：「蘇子容過省，賦曆者天地之大紀，爲本場魁。既登第，遂留意曆學。元豐中使契丹，適會冬至，契丹曆先一日，趨使者入賀。虜人不禁天文術數之學，往往皆精，其實契丹曆爲正也，然勢不可從。子容乃爲汎論曆學，援據詳博，虜人莫能測，不能遽折，遂從。歸奏，神宗大喜，即問二曆竟孰是，蘇以實言，太史皆坐罰。至元祐初，遂命子容重修渾儀。」張邦基墨莊漫録卷二：「蘇頌子容丞相，博學無所不通。熙寧十年，爲大遼生辰國信使，在虜中適遇冬至。時本朝曆先北朝一日，北朝曆後一日。北人問公孰是。公曰：『曆家算術小異，遲速不同，謂如亥時節氣當交，則猶是今夕，若踰數刻，即屬子時，爲明日矣。曆家布算，容有遲速，或先或後，故有一日之異，然各從本朝之曆可也。』北人深以爲然，遂各以其日爲節慶賀。使還奏之，上喜曰：『朕思之，此最難處，卿之所對，極中事理。』」

索隱卷六：「朔考後云：戊午，遼太康四年。日本戊午歲與遼曆相近。高麗戊午年年朔與奉元曆合。然則高麗亦閏戊午正月，日本亦閏丁巳十二月也。」

〔一九〕大安四年，按大安二年閏二月，此通欄缺，四年欄内亦漏注「缺一閏」。

〔二〇〕乾統十年，是年遼閏八月丙申。宋閏八月丁酉。四史朔閏考遼閏七月，不合。

遼史補注卷四十四

志第十四

曆象志下

朔考

古者太史掌正歲年以敍事，國史以事繫日，以日、月、時繫年。時月不正，則敍事不一。故二史合爲一官，頒曆授時，必大一統。

遼、漢、周、宋，俱行夏時，各自爲曆。國史閏朔，頗有異同。遼初用乙未元曆，本何承天元嘉曆法；後用大明曆，本祖冲之甲子元曆法。承天日食晦朏，一章必七閏；冲之日食必朔，〔一〕或四年一閏。用乙未曆，漢、周多同；用大明曆，則間與宋異。國史敍事，甲子不殊，閏朔多異，以此故也。耶律儼紀以大明法追正乙未月朔，又與陳大任紀時或牴牾。稽古君子，往往惑之。

用五代職方考志契丹州軍例，作朔考。法殊曰「異」；傳訛曰「誤」；遼史不書國，儼、大任偏見並見各名；他史以國冠朔。並見注于後。

年	孟月朔	仲月朔	季月朔
太祖元年〔二〕			
	丁未 耶律儼	梁丁丑	

二年〔三〕				三年〔四〕			
			乙亥　儼				
				丁酉			
梁壬申							

四年				五年〔五〕			
梁壬辰		戊子儼		戊戌儼		壬午儼	
					梁甲申		
						梁辛巳	

六年〔六〕	丙戌儼		
七年	甲辰儼	甲戌儼	甲辰儼
	癸酉儼	壬寅儼	壬申儼梁庚寅，誤。
	辛丑儼	庚午儼	庚子儼
	己巳儼		戊辰儼

八年				九年〔七〕			
戊戌｜儼	丁卯｜儼	丙申｜儼	甲子｜儼	壬辰｜儼		庚申｜儼	戊子｜儼
					庚寅｜儼		

神册元年〔八〕				二年〔九〕			
丙辰儼	乙酉儼	甲寅儼	癸未儼	辛亥儼	己卯儼	戊申儼	丁丑儼
戊戌儼		癸未儼	壬子儼	庚辰儼		戊寅儼	
乙卯儼	甲申儼		壬戌儼	庚戌儼	戊寅儼		

三年				四年			
乙亥儼	癸卯儼	壬申儼	辛丑儼	庚午儼	戊戌儼	丙寅儼	乙未儼
甲辰儼	癸酉儼			己亥儼	丁卯儼	乙未儼	
甲戌			庚子				

五年〔一〇〕 閏六月庚申 儀　大任				六年〔一一〕			
甲子　儀	癸巳　儀	庚寅　儀	己未　儀	戊子　儀	丁卯　儀　誤，當作丁亥。	甲申　儀	癸丑　儀　大任
	壬戌　儀　誤，當作壬辰。	己未　儀　梁乙未，誤。	戊午　儀　誤，當作戊子。	戊午　儀	丙戌　儀　大任　誤，當作丙辰。		壬午　儀
癸亥　儀　梁　誤，當作癸巳。	辛亥　儀　誤，當作辛酉。	己丑　儀　大任		丁亥　儀　誤，當作丁巳。	己卯　儀　大任		

天贊元年							二年〔二〕
							辛未 儼大任 梁
							庚午 儼 唐

三年〔一三〕				四年〔一四〕			
			丙寅 儼		唐癸亥		
唐己巳			乙未 儼				
		丙申 儼					

天顯元年				二年			
	丁亥 僞 大任			唐癸丑			
		唐乙酉		唐壬午		己卯 僞 唐	
				唐壬子			

三年〔一五〕閏八月癸卯 儀	戊申 儀	丁丑 儀 唐	丁未 儀 唐
	丙子 儀	乙巳 儀	甲戌 儀
	甲辰 儀	癸酉 儀	癸酉 儀
	壬寅 儀 大任癸卯，異。	壬申 儀	壬寅 儀
四年〔一六〕	壬申 儀大任	辛丑 儀	辛未 儀
	庚子 儀	己巳 儀 唐	戊戌 儀
	戊辰 儀	丁丑 儀	丁卯 儀大任
	丙申 儀	丙寅 儀	丙申 儀

五年				六年 閏五月戊子 儼唐			
丙寅 儼	甲午 儼	壬戌 儼	辛卯 儼	庚申 儼	己丑 儼	丙戌 儼	乙卯 儼
乙未 儼	甲子 儼	壬辰 儼	庚申 儼 唐	己丑 儼	戊午 儼	丙辰 儼	甲申 儼 唐
乙丑 儼	癸巳 儼 唐	辛酉 儼	庚寅 儼	己未 儼	丁巳 儼	乙酉 儼	甲寅 儼 唐

七年	癸未儼	癸丑儼	癸未儼
	癸丑儼	壬午儼大任	壬子儼
	辛巳儼大任	庚戌儼	庚辰儼
	己酉儼	己卯儼	戊申儼
八年〔一七〕	戊寅儼	丁未儼	丁丑儼
	丁未儼	丙子儼	丙午儼
	乙亥儼		
	甲辰儼	癸酉儼	癸卯儼 大任己巳，異。

九年 閏正月壬寅 唐				十年			
壬申 儼 唐	庚午 儼	己亥 儼	戊辰 儼	丙申 儼	乙丑 儼	癸巳 儼	壬戌 儼
辛未 儼	庚子 儼	己巳 儼	丁酉 儼	丙寅 儼	甲午 儼 大任		壬辰 儼
辛丑 儼	庚午 儼	戊戌 儼	丁卯 儼	乙未 儼	甲子 儼	癸巳 儼	壬戌 儼

十一年〔一八〕 閏十一月丙辰 儀唐大任			
	辛卯 儀	庚申 儀	庚寅 儀大任
	己未 儀	己丑 儀	
	丁亥 儀	丁巳 儀	丁亥 儀
	丙辰 儀	丙戌 儀	乙酉 儀
十二年〔一九〕			
	甲寅 儀 大任乙卯。晉二日乙卯，同。	甲申 儀	甲寅 儀
	癸未 儀	壬子 儀	壬午 儀
	辛亥 儀	辛巳 儀	庚戌 儀
	庚辰 儀	庚戌 儀	己卯 儀

會同元年〔二〇〕				二年〔二一〕 閏七月 儼大任晉			
戊申 儼 大任己酉，異。晉同。	戊寅 儼大任	丙午 儼	甲戌 儼	癸卯 儼	壬申 儼 晉	庚子 儼	戊戌 儼
戊寅 儼	丁未 儼	乙亥 儼	甲辰 儼	癸酉 儼	壬寅 儼	己亥 儼	戊辰 儼
戊申 儼	丙子 儼大任	乙巳 儼	甲戌 儼	癸卯 儼	辛未 儼	己巳 儼	丁酉 儼

三年				四年			
丁卯儀	丙申儀	甲子儀	癸巳儀	辛酉儀	庚寅儀	己未儀	丁亥儀
丁酉儀	丙寅儀	甲午儀	壬戌儀	辛卯儀	庚申儀	戊子儀	丁巳儀
丁卯儀	乙未儀	癸亥儀	壬辰儀	辛酉儀	庚寅儀	戊午儀	丙戌儀

五年 閏三月甲申				六年			
丙辰 ｜儼	甲寅 ｜儼大任 ｜晉	癸未 ｜儼	辛亥 ｜儼	庚辰 ｜儼	戊申 ｜儼	丁丑 ｜儼	丙午 ｜儼
乙酉 ｜儼	甲申 ｜儼	壬子 ｜儼	辛巳 ｜儼	己酉 ｜儼	戊寅 ｜儼	丁未 ｜儼 ｜晉	乙亥 ｜儼
乙卯 ｜儼	癸丑 ｜儼大任	壬午 ｜儼	庚戌 ｜儼	己卯 ｜儼大任	丁未 ｜儼	丙子 ｜儼	乙巳 ｜儼

七年　閏十二月己巳　儀晉大任			
	甲戌 儀	甲辰 儀大任	癸酉 儀大任
	癸卯 儀	壬申 儀	辛丑 儀
	辛未 儀	辛丑 儀	庚午 儀 晉
	庚子 儀	庚午 儀	己卯 儀 誤，當作己亥。
八年			
	戊戌 儀	戊辰 儀	丁酉 儀
	丙寅 儀	丙申 儀	乙丑 儀
	乙未 儀	甲子 儀 晉	甲午 儀
	甲子 儀	甲午 儀	癸亥 儀

九年				大同元年〔三〕九月改天祿元年			
癸巳 儼	辛酉 儼大任	己丑 儼	戊午 儼	丁亥 儼大任	丙辰 儼大任		
壬戌 儼 晉	庚寅 儼	己未 儼	戊子 儼大任	丁巳 儼大任		壬午 儼大任	
壬辰 儼	庚申 儼	戊子 儼	丁巳 儼	丙戌 儼大任	甲寅 儼大任	壬子 儼大任	

世宗天祿二年				三年〔二三〕			
	庚辰 儼大任	漢戊申		漢乙巳			
	漢戊寅				漢癸酉	辛丑 儼大任	

四年〔二四〕				五年 九月改元應曆			
				癸亥 儠大任		辛酉 儠大任	
			漢甲子		壬戌 儠大任	丙辰 儠 誤，當作庚寅。	
戊戌 儠大任		乙丑 儠大任			辛卯 儠大任	庚申 儠大任	

穆宗應曆二年				三年〔二五〕			
戊午 儼大任	丙戌 儼大任		甲申 儼大任	壬午 儼大任 周			
	丙辰 儼大任		癸丑 儼大任	辛亥 儼大任			
周丁巳	周乙酉	甲寅 儼大任	癸未 儼大任	庚申 儼大任			

四年〔二六〕				五年〔二七〕閏九月 儼大任			
周丙子				辛未 儼大任			
丙午 儼大任				庚子 儼大任	周		乙未 儼大任
							乙丑 儼大任

六年			
			己未 儼大任
七年			
	戊午 儼大任		丙辰 儼大任

八年 閏七月庚戌 儼大任			
			周壬午
		周辛巳	
九年			
		乙巳 儼大任 周	乙亥 儼大任
		甲戌 儼大任	

十年〔二八〕	宋辛丑	宋辛未	宋庚子
	宋庚午	宋己亥	宋己巳
	己亥　儼　宋	戊辰　儼大任　宋	宋戊戌
	宋丁亥	宋丁酉	宋丙寅
十一年〔二九〕閏三月甲子　宋大任	宋丙申	宋乙丑	宋乙未
	癸巳　儼大任　宋	宋癸亥	宋癸巳
	宋壬戌	宋壬辰	宋壬戌
	宋辛卯	宋辛酉	宋庚寅

十二年〔三〇〕				十三年 宋閏十二月己酉			
宋庚申	宋戊子	宋丙辰	宋乙酉	宋甲寅	宋壬午	辛亥 儼大任 宋	宋己卯
己丑 儼大任 宋	丁巳 儼 宋戊午，異。	宋丙戌	宋乙卯	宋甲申	宋壬子	宋庚辰	宋己酉
宋戊午	宋丁亥	宋丙辰	宋乙酉	癸丑 儼大任 宋	宋辛巳	庚戌 儼大任 宋	宋己卯

十四年〔三一〕		
戊寅 儼大任 宋	宋戊申	宋丁丑
宋丁未	宋丙子	丙午 儼大任 宋乙巳，異。
宋甲戌	宋甲辰	宋甲戌
宋癸卯	宋癸酉	宋癸卯

十五年〔三二〕		
宋癸酉	壬寅 儼大任 宋	宋壬申
宋辛丑	宋辛未	宋庚子
宋己巳	宋戊戌	宋戊辰
宋丁酉	宋丁卯	宋丁酉

十六年 閏八月壬戌 宋大任	丁卯 儼大任 宋	宋丙申	宋甲子	宋辛酉
	宋丙申	宋乙丑	宋癸巳	宋辛卯
	宋丙寅	宋甲午	宋壬辰	宋辛酉
十七年	庚寅 儼大任 宋	宋己未	宋戊子	宋丙辰
	宋庚申	宋己丑	宋丁巳	宋乙酉
	宋庚寅	宋戊午	丙戌 大任 宋	宋乙卯

十八年〔三〕	乙酉 儀大任 宋	宋甲寅	甲申 儀大任 宋乙酉，異。
	癸丑 大任 宋	宋癸未	宋癸丑
	宋壬午	宋壬子	宋辛巳
	辛亥 儀大任 宋庚戌，異。	宋庚辰	宋己酉
十九年 宋閏五月丁未	己卯 儀大任 宋	己酉 儀大任 宋戊申，異。	宋戊寅
	戊申 儀大任 宋	宋丁丑	丙子 儀大任 宋
	宋丙午	宋丙子	宋乙巳
	宋乙亥	甲辰 儀大任 宋	宋甲戌

景宗保寧二年〔三四〕				三年			
宋癸卯	宋辛未	宋庚子	宋己巳	宋戊戌	宋丙寅	宋甲午	宋癸亥
宋壬申	宋辛丑	宋庚午	宋己亥	宋丁卯	宋乙未	甲子 儳大任 宋	宋癸巳
宋壬寅	宋庚午	宋己亥	宋己巳	宋丙申	宋乙丑	宋甲午	癸亥 儳大任 宋

四年〔三五〕 宋閏二月辛卯				五年〔三六〕			
宋壬辰	庚寅 儼大任 宋	宋戊午	丁亥 儼大任 宋	宋丙辰	宋甲申	宋壬子	宋辛巳
宋壬戌	宋己未	宋戊子	宋丁巳	宋丙戌	宋癸丑	宋壬午	辛亥 儼大任 宋
庚申 儼大任 宋	宋戊子	宋丁巳	宋丙戌	乙卯 儼大任 宋	宋癸未	宋壬子	宋辛巳

六年〔三七〕 宋閏十月己巳				七年			
宋庚戌	宋己卯	丁未 儼大任 宋	乙亥 儼大任 宋	甲戌 儼大任 宋	宋癸卯	宋辛未	宋己亥
宋庚辰	宋戊申	宋丙子	宋乙亥	宋甲辰	宋壬申	宋庚子	宋己巳
宋庚戌	宋戊寅	宋丙午	宋甲辰	宋癸酉	宋壬寅	宋庚午	宋己亥

年			
八年〔三八〕	宋戊辰	宋戊戌	宋戊辰
	宋丁卯	宋丁酉	宋丙申
	宋乙未	宋乙丑	甲子 儼大任 宋
	宋癸亥	宋癸巳	宋癸亥
九年 宋閏七月庚寅	宋壬戌	宋壬辰	宋壬戌
	宋辛卯	宋辛酉	宋辛卯
	庚申 儼 宋	宋己未	宋己丑
	宋戊午	丁亥 儼大任 宋	宋丁巳

十年				乾亨元年〔三九〕			
宋丙戌	宋乙卯	宋甲申	癸丑 儼大任 宋	宋辛巳	宋己酉	宋戊寅	宋丁未
宋丙辰	宋乙酉	癸丑 儼大任 宋	宋癸未	宋辛亥	己卯 儼大任 宋	宋戊申	宋丁丑
宋乙酉	宋甲寅	宋癸未	宋壬子	宋庚辰	宋己酉	宋丁丑	宋丙午

二年〔四〇〕宋閏三月甲辰	丙子 儀大任 宋	宋乙巳	宋甲戌
	宋甲戌	宋癸卯	宋癸酉
	宋癸卯	宋壬申	宋壬寅
	辛未 儀大任 宋	庚子 儀大任 宋	庚午 儀大任 宋
三年	宋庚子	宋己巳	
	宋戊辰	宋丁酉	
	宋丙申	宋乙丑	宋乙未
	宋乙丑	宋乙未	宋甲子

四年 宋閏十二月戊子				五年〔四一〕 是歲改統和元年			
宋甲午	宋壬戌		己未 儼大任 宋	戊午 儼 宋	丙戌 儼大任 宋	甲寅 儼宋 大任乙卯，異。	癸未 儼大任
		宋庚申	宋己丑	戊子 儼宋 大任丁亥，異。	丙辰 儼 宋	甲申 儼 大任	壬子 儼宋大任
		宋己丑	戊午 儼大任 宋	宋丁巳	乙酉 儼大任 宋	癸丑 儼大任 宋	壬午 儼大任 宋

聖宗統和二年〔四二〕	壬子 儼 宋	壬午 儼	辛亥 儼宋 大任庚戌，異。
	辛巳 儼	庚戌 儼	庚辰 儼宋 大任己卯，異。
	己酉 儼	戊寅 儼	戊申 儼大任 宋
	丁丑 儼 宋戊寅，異。	丁未 儼 宋	
三年〔四三〕 宋閏九月壬申	丙午 儼宋 大任甲戌，異。	丙子 儼 宋乙亥，異。	乙巳 儼 宋
	乙亥 儼宋 大任甲戌，異。	乙巳 儼 宋甲辰，異。	甲戌 儼宋 大任癸酉，異。
	甲辰 儼宋	癸酉 儼大任 宋	壬寅
	辛丑	辛未	庚子 儼 宋

四年〔四四〕	庚午 儼 宋	己亥 儼 宋庚子，異。	己巳 儼大任 宋
	己亥 宋 大任	戊辰 儼 宋	戊戌 儼 宋
	宋戊辰	丁酉 儼宋 大任丙申，異。	丙寅 儼 宋
	丙申 儼大任 宋	乙丑 儼宋 大任丙寅，異。	丁酉 儼 誤 宋乙未，異。
五年〔四五〕	甲子 儼 宋	甲午 儼宋	癸亥 儼大任 宋
	癸巳 儼大任 宋	壬戌 儼 宋癸亥，異。	壬辰 儼 宋
	壬戌	宋辛卯	宋辛酉
	宋庚寅	宋庚申	宋庚寅

年			
六年〔四六〕閏五月丙戌 宋大任	己未 儀 宋	戊子 儀 宋己丑，異。	戊午 儀 宋
	丁亥	丁巳 儀 宋丙辰，異。	丙辰 儀 宋
	乙酉	乙卯	乙酉 儀 宋
	宋甲寅	甲申 儀 宋	甲寅 儀 宋
七年	癸未 儀大任 宋	壬子 儀宋	壬午 儀大任 宋
	辛亥 儀 宋	庚辰 大任 宋	庚戌
	宋己卯	宋己酉	宋己卯
	宋己酉	宋戊寅	宋戊申

八年				九年 閏二月辛未 儼宋			
宋戊寅	丙午 儼宋	宋甲戌	宋癸卯	宋壬申	宋庚午	宋戊戌	宋丙寅
丁未 儼宋	宋乙亥	宋癸卯	宋壬申	宋辛丑	宋己亥	宋丁卯	宋丙申
宋丙子	宋甲辰	宋癸酉	宋壬寅	庚子 儼宋	宋己巳	宋丁酉	宋丙寅

十年〔四七〕				十一年〔四八〕宋閏十月甲申			
宋丙申	宋甲子	宋壬辰	庚申儼誤宋辛酉	宋庚寅	宋己未	宋丁亥	甲申儼誤宋乙卯
乙丑儼宋	甲午儼	宋壬戌	宋辛卯	宋己未	宋戊子	宋丙辰	宋甲寅
宋乙未	宋癸亥	宋壬辰	宋庚申	宋己丑	宋戊午	宋丙戌	宋甲申

十二年〔四九〕				十三年〔五〇〕			
癸丑 儀大任 宋甲寅，異。	宋壬午	辛亥 儀大任 宋	宋己卯	宋戊申	宋丙子	己巳 儀大任 宋	宋甲戌
宋癸未	宋壬子	庚辰 儀大任 宋	戊申 儀大任 宋	丁丑 儀大任 宋	宋丙午	宋乙亥	宋癸卯 高麗
宋癸丑	辛巳 儀 宋壬午，異。	宋庚戌	戊寅 儀大任 宋	宋丁未	丙子 儀大任 宋	宋甲辰	宋癸酉

十四年 閏七月己巳 儼大任宋	宋壬寅	宋壬申	宋辛丑
	宋辛未	宋辛丑	宋庚午
	宋己亥	宋己亥	宋戊辰
	宋戊戌	宋丁卯	宋丁酉
十五年	宋丙寅	丙申 儼大任 宋	乙丑 儼大任 宋
	乙未 儼大任 宋	甲子 儼大任 宋	宋癸巳
	宋癸亥	宋癸巳	宋癸亥
	壬辰 儼大任 宋	壬戌 儼大任 宋	宋壬辰

十六年	宋辛酉	宋庚寅	宋庚申	宋己丑	宋戊午	戊子 儼大任 宋	丁巳 儼大任 宋	丁亥 儼大任 宋	丁巳 儼大任 宋	宋丙戌	宋丙辰	丙戌 儼大任 宋
十七年〔五一〕 宋閏三月甲申	乙卯 儼大任 宋丙辰，異。	宋乙酉	宋甲寅	宋癸丑	宋壬午	宋壬子	宋辛丑	宋辛亥	庚辰 儼宋 大任	宋庚戌	宋庚辰	宋庚戌

十八年	宋己卯	宋己酉	宋戊寅
	宋戊申	宋丁丑	宋丙午
	宋丙子	宋乙巳	乙亥 儼大任 宋
	宋甲辰	甲戌 儼大任 宋	宋甲辰
十九年〔五二〕 宋閏十二月戊辰	宋甲戌	宋癸卯	宋壬申
	宋壬寅	宋壬申	宋辛丑
	庚午 儼大任 宋	宋庚子	己巳 儼大任 宋
	宋己亥	宋戊辰	宋戊戌

二十年				二十一年			
宋丁酉	丙寅 儼大任 宋	甲午 儼大任 宋	癸亥 儼大任 宋	宋辛卯	宋庚申	宋己丑	丁巳 儼大任 宋
宋丁卯	宋丙申	甲子 儼大任 宋	宋壬辰	宋辛酉	庚寅 儼大任 宋	宋戊午	丁亥 儼大任 宋
宋丁酉	宋乙丑	癸巳 儼大任 宋	宋壬戌	宋辛卯	宋己未	宋戊子	宋丙辰

二十二年 閏九月壬子 儼宋大任				二十三年			
宋丙戌	宋甲寅	宋癸未	宋辛巳	宋庚戌	宋戊寅	宋丁未	丙子 儼大任 宋
乙卯 儼大任 宋	宋甲申	宋癸丑	宋辛亥	宋己卯	戊申 儼大任 宋	宋丁丑	乙巳
宋乙酉	宋甲寅	宋壬午	庚辰 儼大任 宋	宋己酉	宋丁丑	宋丙午	宋乙亥

二十四年	宋甲辰	宋甲戌	宋癸卯
	宋壬申	壬寅 儼大任 宋	宋辛未
	辛丑 儼大任 宋	宋辛未	宋庚子
	庚午 儼 宋	宋庚子	宋己巳
二十五年 宋閏五月丙寅	宋己亥	宋戊辰	宋戊戌
	宋丁卯	宋丙申	宋乙未
	宋乙丑	宋甲午	宋甲子
	宋甲午	宋甲子	宋癸巳

二十六年〔五三〕				二十七年〔五四〕			
宋癸亥	辛卯 儼大任 宋	宋己未	戊子 儼 宋	宋丁巳	丙戌 儼大任 宋	甲申 儼誤 宋大任甲寅	宋壬午
宋壬辰	庚申 儼 宋	宋己丑	宋戊午	宋丁亥	宋乙卯	宋癸未	壬子 儼大任 宋
宋壬戌	宋庚寅	宋戊午	宋丁亥	宋丙辰	宋甲申	宋壬子	宋辛巳

二十八年〔五五〕宋閏二月辛亥				二十九年			
辛亥 儼大任 宋	宋庚戌	宋戊寅	丙午 儼大任 宋	乙亥 儼大任 宋	宋甲辰	宋壬申	宋庚子
宋辛巳	己卯 儼大任 宋乙卯，誤。	宋丁未	宋丙子	宋乙巳	甲戌 儼大任 宋	宋壬寅	庚午 大任 宋
宋庚辰	宋戊申	宋丙子	宋乙巳	宋甲戌	宋癸卯	宋辛未	宋庚子

年			
開泰元年〔五六〕 宋閏十月己丑	宋己巳	宋己亥	宋戊辰
	宋戊戌	戊辰 儼大任 宋	宋丁酉
	宋丁卯	宋丙申	宋丙寅
	宋乙未	甲午 大任 宋	宋甲子
二年	宋癸巳	宋癸亥	壬辰 儼大任 宋
	壬戌	辛卯 儼大任 宋	辛酉 儼大任 宋
	辛卯	宋庚申	宋庚寅
	己未 儼大任 宋	宋己丑	宋戊午

三年〔五七〕	四年〔五八〕宋閏六月己卯
宋戊子	宋壬午
宋丙辰	庚戌 儼大任 宋
乙酉 儼大任 宋	宋戊申
甲寅 儼大任 宋	宋戊寅
宋丁巳	壬子 儼大任 宋
丙戌 儼大任 宋乙酉，異。	宋庚辰
甲寅 儼大任 宋	宋戊寅
宋癸未	宋丁未
宋丙戌	宋辛巳
宋乙卯	宋己酉
宋甲申	宋戊申
宋癸丑	宋丁丑

五年〔五九〕	宋丙午	宋丙子	乙巳 儼大任 宋
	宋甲戌	宋甲辰	宋甲戌
	宋癸卯	宋壬申	宋壬寅
	宋壬申	宋辛丑	宋辛未
六年	宋辛丑	宋庚午	宋庚子
	宋己巳	戊戌 儼大任 宋	戊辰 大任 宋
	宋丁酉	宋丙寅	宋丙申
	宋丙寅	宋乙未	宋乙丑

年	一	二	三
七年〔六〇〕 宋閏四月癸巳	宋乙未	乙丑 儠大任 宋	宋乙未
	宋甲子	宋壬戌	宋壬辰
	宋辛酉	宋庚寅	宋庚申
	宋庚寅	宋己未	宋己丑
八年	宋己未	宋己丑	宋戊午
	戊子 儠大任 宋	宋丁巳	宋丙戌
	宋丙辰	宋乙酉	宋甲寅
	宋甲申	宋癸丑	宋癸未

九年〔六一〕閏二月壬子 儼	宋癸丑	宋癸未	宋壬子 以下宋朔同、月異。
	宋壬午 儼三月以下用此推之。	宋辛亥	宋辛巳
	庚戌 儼大任 宋	宋庚辰	宋己酉
	宋戊寅	宋戊申	宋丁丑 宋閏丁未，異。
太平元年〔六二〕	宋丁丑	宋丙午	宋丙子
	宋丙午	宋乙亥	宋乙巳
	甲戌 儼大任 宋	宋甲辰	宋甲戌
	宋癸卯	壬申 儼 宋癸酉，異。	宋壬寅

二年				三年 閏九月壬辰 儼宋			
宋辛未	宋庚子	宋戊辰	宋丁酉	宋丙寅 高麗	宋甲午	宋壬戌	宋辛酉
辛丑 儼大任 宋庚子，異。	宋己巳	宋戊戌	宋丁卯	宋乙未	宋癸亥	宋壬辰	宋辛卯
宋庚午	宋己亥	宋戊辰	宋丙申	宋甲子	宋癸巳	宋壬戌	宋庚申

四年〔六三〕	宋庚寅	宋己未	戊子儼宋
	宋戊午	宋丁亥	宋丁巳
	宋丙戌	宋丙辰	宋丙戌
	宋乙卯	宋乙酉	宋乙卯
五年〔六四〕	宋甲申	宋甲寅	宋癸未
	宋壬子	宋壬午	宋辛亥
	宋庚辰	宋庚戌	宋庚辰
	宋己酉	宋己卯	宋己酉

六年〔六五〕閏五月丙午 宋				七年			
宋己卯	丁未 儼 宋	宋甲辰	宋甲戌	宋壬寅	宋辛未	宋己亥	宋丁卯
宋戊申	宋丁丑	宋甲戌	宋癸卯	宋壬申	宋庚子	宋戊辰	宋丁酉
宋戊寅	宋乙亥	宋甲辰	宋壬申	宋壬寅	宋庚午	宋戊戌	宋丁卯

八年〔六六〕				九年〔六七〕閏七月庚寅 宋			
宋丁酉	宋丙寅	宋甲午	宋壬戌	宋辛卯	宋己丑	戊午 儼大任 宋	丙戌 儼大任 宋
宋丙寅	宋乙未	宋癸亥	宋辛卯	宋庚申	宋己未	丁卯 儼誤 宋丁亥	乙卯 儼大任 宋
宋丙申	宋甲子	宋壬辰	宋辛酉	宋庚申	宋戊子	宋丙辰	宋乙酉

十年〔六八〕	宋乙卯	宋甲申	宋甲寅
	宋癸未	宋癸丑	宋癸未
	宋壬子	宋壬午	宋辛亥
	宋辛巳	宋庚戌	宋己卯
十一年〔六九〕 閏十月乙巳 僞宋	宋己酉	宋戊寅	宋戊申
	宋丁丑	宋丁未	丁丑 僞大任 宋
	宋丙午	宋庚子 誤，當作丙子。	宋丙午
	宋乙亥	宋甲戌	宋癸卯

興宗重熙元年〔七〇〕				二年			
宋壬申	宋辛丑	宋庚午	宋己亥	宋戊辰	宋丙申	宋甲子	宋癸巳
宋壬寅	宋辛未	宋庚子	宋己巳	宋丁酉	宋乙丑	宋甲午	宋癸亥
壬申 儼 宋	宋庚子	宋己巳	宋戊戌	宋丙寅	宋甲午	宋癸亥	宋癸巳

年			
三年 閏六月戊午 宋	宋壬戌	壬辰 儼 宋	宋辛酉
	宋庚寅	庚申 儼 宋	宋己丑
	戊子 儼 宋	宋戊午	宋丁亥
	宋丁巳	宋丁亥	宋丁巳
四年〔七一〕	宋丙戌	宋丙辰	乙酉 儼 宋
	甲寅 儼 宋	宋甲申	癸酉 儼誤 宋癸丑
	壬午 儼 宋	宋壬子	宋辛巳
	宋辛亥	宋辛巳	宋辛亥

五年				六年〔七二〕閏四月癸酉 宋			
宋庚辰	宋己酉	宋丁丑	宋乙巳	宋甲戌	宋甲辰	辛丑 儼 宋	宋己巳
宋庚戌	宋戊寅	丙午 儼 宋	宋乙亥	宋甲辰	宋壬寅	宋庚午	宋己亥
宋庚辰	宋戊申	丙子	宋乙巳	宋甲戌	宋壬申	宋庚子	己亥 儼誤 宋戊辰

七年				八年〔七三〕閏十二月丁亥 宋			
宋戊戌	宋丁卯	宋丙申	甲子 儼 宋	宋壬辰	宋辛酉	宋庚寅	宋己未
宋戊辰	宋丁酉	宋乙丑	宋癸巳	宋壬戌	宋辛卯	宋庚申	宋戊子
戊戌	宋丙寅	宋甲午	宋癸亥	宋壬辰	宋庚申	宋己丑	宋丁巳

九年〔七四〕				十年〔七五〕			
丙辰 儼 宋	宋乙酉	宋甲寅	癸未 儼 宋	宋辛亥	宋己卯	宋戊申	宋丁丑
宋丙戌	乙卯 儼 宋甲寅，異。	宋癸未	宋壬子	庚辰 儼 宋	宋己酉	宋丁丑	宋丁未
宋乙卯	宋甲申	宋癸丑	宋壬午	宋庚戌	宋戊寅	宋丁未	宋丙子

十一年〔七六〕 閏九月辛未 宋			
宋丙午	甲戌 儼 宋	壬寅 儼 宋	宋辛丑
宋乙亥	宋癸卯	宋壬申	宋庚午
甲辰 儼 宋	宋癸酉	宋辛丑	宋庚子

十二年〔七七〕			
宋庚午	宋戊戌	丙寅 儼 宋	宋乙未
宋己亥	宋丁卯	乙未 儼 宋高麗	宋乙丑
宋戊辰	宋丙申	壬申 誤 宋乙丑	宋甲午

十三年〔七八〕				十四年〔七九〕閏五月丙戌 宋			
甲子 儼 宋	宋壬辰	宋辛酉	宋己丑	宋戊午	宋丁亥	甲申 儼 宋	宋癸丑
宋甲午	壬戌 儼 宋	宋庚寅	宋戊午	宋戊子	宋丙辰	宋甲寅	壬午 儼 宋
宋癸亥	宋辛卯	宋己未	宋戊子	宋丁巳	宋乙卯	宋癸未	宋壬子

年			
十五年	宋壬午	宋壬子	宋辛巳
	辛亥 儼 宋	宋庚辰	宋庚戌
	宋己卯	宋戊申	宋戊寅
	宋丁未	宋丁丑	宋丙午
十六年	宋丙子	宋丙午	宋乙亥
	乙巳 儼 宋	宋乙亥	宋甲辰
	宋甲戌	宋癸卯	宋壬申
	宋壬寅	宋辛未	辛丑 儼 宋

十七年 閏正月庚子 宋	宋庚午	宋己巳	宋己亥
	宋己巳	宋戊戌	宋戊辰
	宋丁酉	宋丁卯	宋丙申
	宋丙寅	乙未 儼 宋	宋乙丑
十八年〔八〇〕	甲午 儼 宋高麗	宋甲子	宋癸巳
	宋癸亥	宋壬辰	宋壬戌
	宋壬辰	宋辛酉	宋辛卯
	宋庚申	宋庚寅	宋庚申

十九年 閏十一月甲寅 宋				二十年			
宋己丑	宋丁巳	丙戌	宋乙卯	宋癸丑	宋辛巳	宋己酉	己卯 儼 宋
宋戊午	宋丁亥	宋乙卯	宋甲申	宋壬午	宋庚戌	宋己卯	宋戊申
宋戊子	丙辰 儼 宋	宋乙酉	宋甲申	壬子 儼 宋	宋庚辰	宋己酉	宋戊寅

二十一年	宋戊申	宋丁丑	宋丙午
	宋丙子	宋乙巳	宋甲戌
	甲辰儼宋	癸酉儼宋	宋癸卯
	宋癸酉	宋壬寅	宋壬申
二十二年〔八一〕閏七月戊辰	宋壬寅	宋壬申	宋辛丑
	宋庚午	宋庚子	宋己巳
	宋戊戌	宋丁酉	宋丁卯
	丙申儼宋	宋丙寅	丙申儼宋

二十三年	宋丙寅	宋乙未	宋乙丑
	宋甲午	宋甲子	宋癸巳
	宋壬戌	宋壬辰	宋辛酉
	宋辛卯	宋庚申	宋庚寅
二十四年	宋庚申	宋己丑	宋己未 高麗
	宋己丑	宋戊午	宋戊子
	宋丁巳	宋丙戌	宋丙辰
	宋乙酉	宋乙卯	宋甲申

道宗清寧二年〔八二〕宋閏三月癸未				三年〔八三〕			
宋甲寅	宋壬子	宋辛巳	宋己酉	宋戊寅高麗	宋丙午	宋乙亥	宋甲辰
宋癸未	宋壬午	宋庚戌	宋己卯	宋丁未	宋丙子	宋乙巳	宋癸酉
宋癸丑	宋辛亥	宋庚辰	戊申儼宋	宋丁丑	宋丙午	宋甲戌	宋癸卯

四年 ｜宋閏十二月丁卯	壬申 ｜儼 ｜宋	｜宋壬寅	｜宋辛未
	｜宋辛丑	庚午 ｜儼 ｜宋	｜宋庚子
	｜宋己巳	｜宋己亥	｜宋己巳
	戊戌 ｜儼 ｜宋	｜宋戊辰	｜宋丁酉
五年〔八四〕	｜宋丙申	｜宋丙寅	｜宋乙未
	甲子 ｜儼 ｜宋乙丑，異。	｜宋甲午	｜宋癸亥
	｜宋癸巳	｜宋癸亥	｜宋癸巳
	壬子 誤 ｜宋壬戌	｜宋壬辰	｜宋壬戌

年			
六年	宋辛卯	宋庚申	宋庚寅
	宋己未	戊子 儀 宋	戊午 儀 宋
	宋丁亥	宋丁巳	宋丁亥
	宋丙辰	宋丙戌	宋丙辰
七年〔八五〕閏八月辛巳 宋	宋乙酉	宋乙卯	宋甲申
	宋甲寅	宋癸未	壬午 儀誤 宋壬子
	宋壬午	宋辛亥	宋庚戌
	宋庚辰	宋庚戌	宋庚辰

八年〔八六〕	宋己酉	宋己卯	戊申 儼 宋
	宋戊寅	宋丁未	甲子 儼誤 宋丙子
	宋丙午	宋乙亥	宋乙巳
	甲戌 儼 宋	宋甲辰	宋甲戌
九年〔八七〕	宋癸卯	宋癸酉	宋癸卯
	宋壬申	宋壬寅	宋辛未
	宋庚子	庚午 儼 宋	宋己亥
	戊辰 儼 宋	宋戊戌	宋戊辰

十年〔八八〕閏五月丙寅 宋				咸雍元年			
宋丁酉	宋丁卯	宋甲子	壬辰 儼 宋癸巳，異。	辛酉 儼大任 宋高麗	宋庚寅	宋己未	丁亥 儼大任 宋
宋丁卯	宋丙申	宋甲午	宋壬戌	宋辛卯	宋庚申	宋戊子	宋丁巳
宋丁酉	宋乙未	宋癸亥	宋壬辰	宋辛酉	宋己丑	宋戊午	宋丙戌

二年				三年（八九）閏二月己卯 宋			
宋丙辰	宋甲申	癸丑 儼大任 宋	宋壬午	宋庚戌	宋戊申	宋丁丑	宋丙午
宋乙酉	宋甲寅	宋癸未	宋辛亥	宋庚辰	宋戊寅	宋丁未	宋乙亥
宋乙卯	宋甲申	壬子 儼大任 宋	宋辛巳	宋己酉	宋丁未	宋丙子	宋乙巳

四年				五年 閏十一月甲午 宋			
甲戌 儼大任 宋	宋壬寅	宋辛未	宋庚子	宋己巳	宋丁酉	乙丑 儼大任 宋	宋甲午
甲辰 儼大任 宋	宋壬申	宋辛丑	宋庚午	宋戊戌	宋丙寅	宋乙未	宋甲子
宋癸酉	宋辛丑	宋庚午	宋己亥	宋戊辰	宋丙申	宋甲子	宋癸亥

六年〔九〇〕	宋癸巳	宋癸亥	宋壬辰
	宋辛酉	宋庚寅	宋庚申
	宋己丑	宋戊午	宋戊子
	宋戊午	宋戊子	宋丁巳
七年	宋丁亥	宋丁巳	宋丙戌
	宋丙辰	宋乙酉	宋甲寅
	甲申 儼大任 宋	宋癸丑	宋壬午
	宋壬子	宋壬午	宋辛亥

八年 閏七月戊申 宋				九年〔九一〕			
宋辛巳	宋庚戌	宋戊寅	宋丙子	宋乙巳	宋甲戌	宋壬寅	宋庚午
宋辛亥	宋庚辰	宋丁丑	宋丙午	宋乙亥	宋癸卯	宋壬申	宋庚子
宋辛巳	宋己酉	宋丙午	宋乙亥	宋甲辰	宋癸酉	宋辛丑	宋庚午

十年				大康元年〔九二〕閏四月壬辰 宋			
宋己亥	宋戊辰	宋丁酉	宋乙丑	宋甲午	宋壬戌	辛酉 宋	宋己丑
宋己巳	宋戊戌	宋丙寅	宋乙未	宋癸亥	宋辛酉	庚寅 儼大任 宋	宋己未
宋戊戌	宋丁卯	宋丙申	宋甲子	宋癸巳	宋辛卯	宋庚申	宋己丑

二年	宋戊午	宋丁亥	宋丙辰
	宋丙戌	宋丙辰	乙酉 儼大任 宋
	宋乙卯	宋甲申	宋甲寅
	宋甲申	宋癸丑	宋癸未
三年〔九三〕	宋壬子	壬午 儼大任 宋	宋辛亥
	宋庚辰	宋庚戌	己卯
	宋己酉	宋戊寅	宋戊申
	宋戊寅	宋戊申	宋丁丑

四年〔九四〕 閏五月丙子 宋				五年			
宋丁未	宋甲辰	宋癸酉	宋壬寅	宋辛未	宋己亥	宋丁卯	宋丙申
宋丙午	宋甲戌	宋壬寅	宋辛未	宋庚子	宋戊辰	宋丙申	宋乙丑
宋乙亥	宋癸卯	宋壬申	宋辛丑	宋庚午	宋戊戌	宋丙寅	宋乙未

六年〔九五〕閏九月庚寅 宋				七年			
宋乙丑	宋甲午	宋壬戌	己未 儼大任 宋	宋己丑	宋戊午	宋丙戌	宋甲寅
宋乙未	癸亥 大任	宋辛卯	己丑 儼大任 宋	宋戊午	宋丁亥	宋乙卯	宋癸未
宋甲子	宋壬辰	宋庚申	宋己未	宋戊子	宋丙辰	宋甲申	宋癸丑

八年	宋癸未	宋癸丑	宋壬午
	宋壬子	宋辛巳	辛亥 儼大任 宋
	宋庚辰	宋庚戌	宋己卯
	宋戊申	宋戊寅	宋丁未
九年 閏六月乙亥 宋	宋丁丑	宋丁未	宋丙子
	丙午 儼大任 宋	宋丙子	宋乙巳
	宋甲辰	宋甲戌	癸卯 儼大任
	宋癸酉	宋壬寅	宋辛未

十年〔九六〕				大安元年缺一閏〔九七〕			
辛丑儼大任宋高麗	宋庚午	宋戊戌	宋丁卯	宋丙申	宋甲子	宋癸巳	宋壬戌
庚午儼宋	宋己亥	宋戊辰	宋丁酉	宋乙丑	宋癸巳	宋壬戌	辛卯高麗宋
宋庚子	宋己巳	宋戊戌	宋丙寅	宋甲午	宋癸亥	宋壬辰	辛酉

二年〔九八〕	宋庚寅	庚申	宋戊午
	宋戊子	丁巳 儼大任 宋	丁亥 儼 大任丙午，誤。 宋
	宋丙辰	宋丙戌	宋丙辰
	己酉 儼誤 宋乙酉	宋庚午 誤，當作乙卯。	宋乙酉
三年	宋甲寅	宋甲申	宋癸丑
	宋壬午	宋壬子	宋辛巳
	宋庚戌	宋庚辰	宋庚戌
	宋己卯	宋己酉	宋己卯

四年〔九九〕閏十二月癸卯 宋	宋己酉	宋丁丑	宋乙巳	宋癸酉	宋戊寅	宋丙午	宋甲戌	宋癸卯	宋戊申	宋丙子	宋甲辰	癸卯 儼誤 大任宋癸酉
五年	宋壬申	宋辛丑	宋己巳	宋丁酉	宋壬寅	宋庚午	宋戊戌	丁卯 儼大任 宋	宋壬申	宋庚子	宋戊辰	宋丁酉

六年				七年〔一〇〇〕閏八月丁巳 宋			
宋丁卯	宋丙申	宋甲子	宋壬辰	宋辛酉	宋庚寅	戊午 儼大任 宋	宋丙辰
宋丙申	宋乙丑	宋癸巳	宋辛酉	宋庚寅	己未 儼大任 宋	宋戊子	宋乙酉
宋丙寅	宋甲午	宋壬戌	宋辛卯	宋庚申	宋己丑	宋丙戌	宋乙卯

八年〔一〇〕				九年			
宋甲申	宋癸丑	宋壬午	庚戌 儼大任 宋	宋己卯	宋丁未	宋丙子	宋乙巳
宋甲寅	宋癸未	宋壬子	宋庚辰	宋戊申	宋丁丑	宋丙午	宋乙亥
宋甲申	宋癸丑	宋辛巳	宋己酉	宋戊寅	丁未 儼大任 宋	宋丙子	宋甲辰

十年〔一〇二〕閏四月辛未 宋	宋癸酉	宋癸卯	壬申 儼 宋
	壬寅 儼大任 宋	宋辛丑	宋庚午
	庚子 大任 宋	宋庚午	宋己亥
	宋己巳	宋己亥	宋戊辰
壽隆元年〔一〇三〕	戊戌 儼大任 宋	宋丁卯	宋丙申
	宋丙寅	乙未 儼大任 宋	宋乙丑
	宋甲午	宋甲子	宋癸巳
	宋癸亥	宋癸巳	宋癸亥

年	正月	二月	三月	四月	五月	六月	七月	八月	九月	十月	十一月	十二月
二年	宋壬辰	宋壬戌	宋辛卯	宋庚申	宋庚寅	宋己未	宋戊子	宋戊午	宋丁亥	宋丁巳	宋丁亥	宋丁巳
三年 閏二月丙戌 宋	宋丙戌	丙辰 儼大任 宋	宋乙卯	宋甲申	宋甲寅	宋癸未	壬子 大任	宋壬午	宋辛亥	宋辛巳	宋辛亥	宋辛巳

四年	宋庚戌	宋庚辰	宋庚戌
	宋己卯	宋戊申	戊寅 儼大任 宋
	宋丁未	宋丙子	宋丙午
	乙亥 儼大任 宋	乙巳 儼大任 宋	宋乙亥
五年〔一〇四〕閏九月庚午 宋	宋甲辰	宋甲戌	宋甲辰
	宋癸酉	宋癸卯	宋壬申
	壬寅 儼大任 宋	宋辛未	宋庚子
	己亥 儼大任 宋	己巳 儼	宋戊戌

六年				七年			
宋戊辰	丁酉 儼大任 宋	宋丙寅	宋甲午	壬戌 儼大任 宋	宋辛卯	宋庚申	宋戊子
宋戊戌	宋丁卯	宋乙未	宋癸亥	壬辰 儼大任 宋	宋辛酉	宋庚寅	宋戊午
宋戊辰	宋丙申	宋甲子	宋癸巳	宋壬戌	宋庚寅	宋己未	宋丁亥

天祚乾統二年〔一〇五〕閏六月甲寅 宋	宋丁巳	宋丙戌	宋丙辰
	宋乙酉	宋乙卯	宋乙酉
	宋甲申	宋癸丑	宋癸未
	宋壬子	宋壬午	宋辛亥
三年〔一〇六〕	宋辛巳	宋庚戌	宋庚辰
	宋己酉	宋己卯	宋戊申
	宋戊寅	宋丁未	宋丁丑
	宋丁未	宋丁丑	宋丙午

年				
四年	宋丙子	宋甲辰	宋壬申	宋辛丑
	宋乙巳	宋癸酉	宋壬寅	宋辛未
	宋甲戌	宋壬寅	宋辛未	宋庚子
五年〔一〇七〕閏二月己巳　宋	宋庚午	宋戊辰	宋丙申	宋乙丑
	宋庚子	宋丁酉	宋乙丑	宋乙未
	宋戊戌	宋丙寅	宋乙未	宋甲子

六年	｜宋甲午	｜宋甲子	｜宋癸巳
	｜宋壬戌	｜宋壬辰	｜宋辛酉
	｜宋庚寅	｜宋庚申	｜宋己丑
	｜宋己未	｜宋戊子	｜宋戊午
七年〔一〇八〕 閏十月癸未 ｜宋	｜宋戊子	｜宋戊午	｜宋丁亥
	｜宋丁巳	｜宋丙戌	｜宋丙辰
	｜宋乙酉	｜宋甲寅	｜宋甲申
	｜宋癸丑	｜宋壬子	｜宋壬午

八年	宋壬子	宋辛巳	宋己酉	宋丁丑	宋壬午	宋庚戌	宋戊寅	宋丁未	宋辛亥 高麗	宋庚辰	宋戊申	宋丙子
九年	丙午 大任 宋	宋乙亥	宋甲辰	宋壬申	宋丙子	宋乙巳	宋癸酉	宋辛丑	宋乙巳	宋甲戌	宋壬寅	宋辛未

十年〔一〇九〕 閏八月丁酉 宋				天慶元年			
宋庚子	宋己巳	宋戊戌	宋丙申	宋甲子	宋癸巳	宋壬戌	宋庚寅
宋庚午	宋己亥	宋丁卯	宋乙丑	宋甲午	宋壬戌	宋辛卯	宋庚申
宋己亥	宋戊辰	宋丙寅	宋乙未	宋癸亥	宋壬辰	宋辛酉	宋己丑

二年				三年〔一〇〕閏四月辛亥 宋			
己未 儼大任 宋	丁亥 儼大任 宋	宋丙辰	宋乙酉	宋甲寅	宋壬午	宋己卯	宋戊申
宋戊子	宋丁巳	宋乙酉	宋甲寅	宋癸未	宋庚辰	宋己酉	宋戊寅
宋戊午	宋丙戌	宋乙卯	宋甲申	宋壬子	宋庚戌	宋己卯	宋戊申

四年				五年			
宋戊寅	宋丙午	宋甲戌	壬寅 儼大任 宋	宋壬申	宋庚子	宋戊辰	宋丁酉
宋丁未	宋乙亥	宋癸卯	宋壬申	宋辛丑	宋庚午	宋戊戌	宋丙寅
宋丙子	宋甲辰	宋癸酉	宋壬寅	宋辛未	己亥 儼大任 宋	丁卯 儼大任 宋	宋丙申

六年 閏正月丙申 宋	宋丙寅	宋乙丑	宋乙未
	宋甲子	宋甲午	宋癸亥
	宋壬辰	宋壬戌	宋辛卯
	宋辛酉	宋庚寅	宋庚申
七年	宋庚寅	宋己未	宋己丑
	宋己未	宋戊子	宋戊午
	宋丁亥	宋丙辰	宋丙戌
	乙卯 儼大任 宋	宋乙酉	宋甲寅

八年(二一) 閏五月庚戌 宋	宋甲申	宋癸丑	宋癸未
	宋癸丑	壬午 儼 宋	宋壬子
	宋辛巳	宋辛亥	宋庚辰
	宋己卯	宋己酉	宋戊寅
九年	宋戊申	宋丁丑	丁未 儼大任 宋
	宋丙子	宋丙午	宋丙子
	宋乙巳	宋乙亥	宋甲辰
	甲戌 大任 宋	宋癸卯	宋癸酉

十年				保大元年〔一二〕 閏五月甲子 宋			
宋壬寅	宋辛未	宋己亥	宋戊辰	丁酉 儼大任 宋	宋乙丑	宋癸亥	宋壬辰
宋壬申	宋庚子	宋己巳	宋戊戌	宋丙寅	宋甲午	宋癸巳	宋壬戌
宋辛丑	宋庚午	宋己亥	宋丁卯	宋丙申	宋癸巳	宋壬戌	宋辛卯

二年				三年			
宋辛酉	宋己丑	丁巳 儼大任 宋	宋丙戌	宋乙卯	甲申 儼大任 宋	宋壬子	宋庚辰
庚寅 儼大任 宋	宋戊午	宋丁亥	宋丙辰	乙酉 儼 宋	癸丑 大任 宋	宋辛巳	宋庚戌
宋庚申	宋戊子	宋丁巳	宋丙戌	宋甲寅	宋壬午	宋辛亥	宋庚辰

四年 閏三月戊寅 宋				五年			
宋庚戌	宋戊申	宋丙子	宋甲辰	宋癸酉	宋壬寅	宋庚午	宋戊戌
宋己卯	宋丁丑	宋乙巳	宋甲戌	宋癸卯	宋壬申	宋庚子	宋戊辰
宋己酉	宋丙午	宋甲戌	宋甲辰	宋癸酉	宋辛丑	宋己巳	宋戊戌

宋元豐元年十二月，詔司天監考遼及高麗、日本國曆與奉元曆同異。遼己未歲氣朔與宣明曆合，日本戊午歲與遼曆相近，高麗戊午年朔與奉元曆合，氣有不同。戊午，遼大康四年；己未，五年也。當遼、宋之世，二國司天固相參考矣。

高麗所進大遼事蹟，載諸王册文，頗見月朔，因附入。

象

孟子有言：「天之高也，星辰之遠也，苟求其故，千歲之日至可坐而致。」甚哉！聖人之用心，可謂廣大精微，至矣盡矣。

日有晷景，月有明魄，斗有建除，星有昏旦。觀天之變而制器以候之，八尺之表，六尺之筒，百刻之漏，日月星辰示諸掌上。運行既察，度分既審，於是像天圜以顯運行，置地櫃以驗出入，渾象是作。天道之常，尋尺之中可以俯窺，陶唐之象是矣。設三儀以明度分，管一衡以正辰極，渾儀是作。天文之變，六合之表可以仰觀，有虞之璣是矣。體莫固於金，用莫利於水。範金走水，不出户而知天道，此聖人之所以爲聖也。

歷代儀象表漏，各具于志。太宗大同元年，得晉曆象、刻漏、渾象。後唐清泰二年已稱損折不可施用，其至中京者概可知矣。古之鍊銅，黑黄白青之氣盡，然後用之，故可施於久遠。唐沙門一行鑄渾天儀，時稱精妙，未幾銅鐵漸澀，不能自轉，置不復用。金質不精，水性不行，況移之沍寒之地乎？

刻漏

晉天福三年造。周官挈壺氏懸壺必爨之以火。地雖沍寒，蓋可施也。

官星

古者官星萬餘名。遭秦焚滅圖籍，世祕不傳。漢收散亡，得甘德、石申、巫咸三家圖經。經緯合千餘官，僅存什一。分爲三垣、四宮、二十八宿，樞以二極，建以北斗，緯以五星，日月代明，貴而太一，賤逮屎糠。占決之用，亦云備矣。司馬遷天官書既以具錄，後世保章守候，無出三家官星之外者。天象昭垂，歷代不易，而漢、晉、隋、唐之書累志天文，近於衍矣。且天象機祥，律格有禁，書于勝國之史，詿誤學者，不宜書。其日食、星變、風雲、震雪之祥，具載帝紀，不復書。

〔一〕日食必朔，原誤「日必食朔」，據文義、曆理改。

〔二〕太祖元年，四月丁未、五月丁丑，原誤書於前行正月及二月，據本史卷一太祖紀、新五代史卷二梁太祖紀及輯要、陳表移。

〔三〕太祖二年，十月乙亥，據本史卷一太祖紀及輯要、陳表，當作己亥。

〔四〕太祖三年，此年原缺，依史例補。又本史卷一太祖紀，二月丁酉朔，與輯要、陳表合，據補。又據輯要、陳表，是年閏八月癸亥朔，遼、梁同。以下凡閏月朔失書或訛誤者，均據此二書出校，原文不予改補。

〔五〕太祖五年，正月戊戌，據本史卷一太祖紀、舊五代史卷六梁太祖紀及輯要、陳表，應作丙戌。

〔六〕太祖六年，是年閏五月戊申朔，遼、梁同，此失書。正月丙戌當作庚辰。以下凡朔日干支錯誤，均據輯要、陳表出校，原文不改。但誤差一日者，乃因當進朔而未進，或不當進朔而進，或有其它原因，概不出校。

〔七〕太祖七年八年九年，原有七、八、九、十、十一年共五欄。按太祖十年已建元神册，不當有十年、十一年。蓋先是七、八兩年重出，後誤改重出之七年、八年爲九年、十年，又改原九年爲十一年。今删原七年、八年，將原九、十、十一年回改爲七、八、九年。又七年（原九年）六月壬申注云：「梁庚寅，誤。」檢新五代史卷三末帝紀，梁貞明元年六月庚寅朔，是年當遼太祖九年。修史者因誤以七年當九年，遂謂「梁庚寅，誤」。今仍存原注不删。又九年閏二月壬辰朔，遼、梁同，此失書。

〔八〕神册元年，二月戊戌當作丙戌，本史卷一太祖紀作丙戌不誤。十二月壬戌當作壬午。

〔九〕神册二年，是年閏十月丁未朔，遼、梁同，此失書。

〔一〇〕神册五年，三月癸亥注：「誤，當作癸巳。」五月壬戌注：「誤，當作壬辰。」皆以不誤爲誤。六月辛亥注：「誤，當作辛酉。」按六月辛卯朔，正文及注皆誤。八月己未注：「梁乙未，誤。」本年當梁貞明六年。八月己未，遼、梁同。檢新、舊五代史梁紀，貞明五年八月乙未朔，是年當遼之神册四年。此蓋誤當五年，遂謂「梁乙未，誤」。十一月戊午注：「誤，當作戊子。」是，當從之。以下凡注誤者，出校不删注文，不誤者不出。

〔一一〕神册六年，三月丁亥注及五月丙戌注，皆以不誤爲誤。四月丁卯注：「誤，當作丁亥。」（當字原脱，據文義補）按四月丁巳朔，正文及注皆誤。六月己卯當作乙卯。

〔一二〕天贊二年，閏四月乙亥朔，遼、梁同。此失書。

〔一三〕天贊三年，九月丙申，輯要、陳表並作丁酉，唐同光二年九月丁酉朔，但本史卷二太祖紀與此同作丙申。

〔一四〕天贊四年，閏十二月己丑朔，遼、唐同。此失書。

〔一五〕天顯三年，閏八月癸卯朔，遼、唐同。十月壬寅注：「大任癸卯，異。」本史卷三太宗紀作十月癸卯朔。

〔一六〕天顯四年，八月丁丑當作丁酉。

〔一七〕天顯八年，十二月癸卯注：「大任己巳，異。」己當作乙，己巳、乙巳均誤。

〔一八〕天顯十一年，六月戊午。本史卷三太宗紀同，失書。

〔一九〕天顯十二年，正月甲寅注：「大任乙卯。」誤。

〔二〇〕會同元年，正月戊申注：「大任己酉，異。」誤。本史卷四太宗紀作戊申，同。

〔二一〕會同二年，是年閏七月庚午朔，遼、晉同，此脱「庚午」二字。

〔二二〕大同元年，是年閏七月癸丑朔，遼、晉同，此失書。

〔二三〕天禄三年，六月癸酉，遼、漢同。原誤書於七月，依輯要、陳表移。

〔二四〕天禄四年，是年閏五月丁卯朔，遼、漢同，此失書。

〔二五〕應曆三年，是年閏正月壬午朔，遼、周同，此失書。正月壬午當作壬子，三月庚申當作庚辰。本史卷六穆宗紀作庚辰，不誤。

〔二六〕應曆四年，十二月辛丑原闕。本史卷六穆宗紀作辛酉，誤。

〔二七〕應曆五年，八月周丁酉，遼丙申。是年閏九月丙申朔，遼、周同，此脱「丙申」二字。

〔二八〕應曆十年，十月丁亥當作丁卯。

〔二九〕應曆十一年，閏三月甲子閏考作儼、大任、宋。三月應作甲午，注宋乙未。此失書甲午。

〔三〇〕應曆十二年，五月丁巳注：「宋戊午，異。」誤。遼、宋丁巳同。

〔三一〕應曆十四年，四月宋丁未，應作丙午，注宋丁未。七月宋甲戌，應作乙亥，注宋甲戌。

〔三二〕應曆十五年，五月宋辛未，應作庚午，注宋辛未。

〔三三〕應曆十八年，三月注：「宋乙酉，巽。」誤。遼、宋甲申同。十月注：「宋庚戌，巽。」誤。遼、宋辛亥同。

〔三四〕保寧二年，十二月宋己巳，誤。應作宋戊辰。

〔三五〕保寧四年，閏二月辛卯，遼、宋同。閏考有儼、大任。

〔三六〕保寧五年，四月宋甲申，誤。應作甲申，注「宋乙酉」。五月宋癸丑，誤。應作宋甲寅。九月宋壬子，誤。應作宋辛亥，陳表，辛亥朔。

〔三七〕保寧六年，是年閏十月乙巳朔，遼、宋同，原作「己巳」誤。

〔三八〕保寧八年，四、五兩月干支當互易，即四月丁酉朔，五月丁卯朔。七月丙寅誤乙未，八月乙未誤乙丑。十月宋癸亥，誤。應作甲午。又十一、十二月亦當互易（即十一月癸亥，十二月癸巳）。

〔三九〕乾亨元年，二月宋辛亥，誤。遼、宋同是庚戌。六月宋己酉，誤。遼、宋同是戊申。

〔四〇〕乾亨二年，四月宋甲戌誤。應作宋癸酉。七月宋癸卯誤。應作宋壬寅。

〔四一〕統和元年，二月注：「大任丁亥，巽」誤。應作宋戊子。本史卷一〇聖宗紀作戊子同。七月注：「大任己卯，巽。」誤。遼、宋甲寅同。

〔四二〕統和二年，三月注：「大任庚戌，巽。」誤。按四月辛巳朔，不能是三月庚戌朔。六月注：「大任己卯，巽。」應是宋庚辰，遼己卯。本史卷一〇聖宗紀作己卯。

〔四三〕統和三年，是年遼閏八月壬寅朔，與宋異，失書。正月丙午注：「大任甲戌，異。」按本史卷一〇聖宗紀，正月丙午朔。不作甲戌。四月注：「大任甲戌，異。」誤。遼、宋均乙亥。五月注：「宋甲辰，異。」誤。遼、宋均乙巳。六月注：「大任癸酉，異。」按七月甲辰朔，則六月不能是癸酉朔。九月壬寅當作壬申，壬寅係宋朔。

〔四四〕統和四年，七月丁卯，失書。宋戊辰應作小注。八月注：「大任丙申，異。」誤。遼、宋均丁酉朔。十一月注：「大任丙寅，異。」誤。遼丙寅，宋乙丑。本史卷一一聖宗紀作丙寅。十二月：「丁酉儼。」誤。遼丙申，宋乙未。

〔四五〕統和五年，正月甲子。應是遼乙丑，宋甲子。八月宋辛卯。誤。應是遼辛卯，宋壬辰。

〔四六〕統和六年，二月注：「宋己丑，異。」誤。遼、宋均戊子。七月乙酉。應作遼丙戌，宋乙酉。

〔四七〕統和十年，五月甲午，應是遼癸巳，宋甲午。九月宋壬辰，誤。應是宋辛卯。十月庚申，「儼誤宋辛酉。」按遼、宋均辛酉。十一月宋辛卯。誤。宋庚寅。

〔四八〕統和十一年，十月甲申，「儼誤，宋乙卯。」按儼不誤。遼甲申，宋乙卯。閏十月乙酉。原作閏十月甲申，不合。

〔四九〕統和十二年，十一月戊申，遼、宋同。本史卷一三聖宗紀亦同作戊申。陳表作己酉。

〔五〇〕統和十三年，七月己巳當作乙巳。本史卷一三聖宗紀正作乙巳。

〔五一〕統和十七年，四月遼甲申，宋癸丑。是年遼閏四月癸丑朔，與宋異，失書。七月辛丑誤，當作辛巳。

〔五二〕統和十九年，正月癸酉，宋甲戌。三月癸酉。十月戊戌，宋己亥。十二月丁卯，宋戊戌。是年遼閏十一月戊戌朔，與宋異，失書。閏考、本史卷一四聖宗紀均不誤。宋閏十二月戊辰。

〔五三〕統和二十六年，聖宗千齡節爲十二月二十七日，乘軺録：「（統和二十六年）十二月二十八日，復宴武功殿，即虜主生辰也。」宋、遼曆差一日。

〔五四〕統和二十七年，七月甲申應是甲寅。

〔五五〕統和二十八年，五月注宋乙卯，誤，應是宋己卯。

〔五六〕開泰元年，三月遼己巳，宋戊辰。是年閏十月乙丑朔，遼、宋同，原作「己丑」誤。

〔五七〕開泰三年，五月丙戌誤，遼、宋均乙酉、輯要、陳表，宋、遼丙戌同。本史卷一五聖宗紀作乙酉。

〔五八〕開泰四年，七月遼己卯，宋戊申。遼閏七月戊申，與宋異，失書。

〔五九〕開泰五年，六月宋癸酉，原誤甲戌。

〔六〇〕開泰七年，三月甲午，遼、宋同。原誤乙未。

〔六一〕開泰九年，據推算，是年遼、宋同閏十二月。此由七月庚戌下小注亦可證明。今誤以遼閏二月，與宋閏十二月異，故以宋之三月當遼之閏二月，宋之四月當遼之三月，如此類推。今按原「閏二月壬子儳」當改「閏十二月丁未儳、宋」，三月、四月、十二月下之注文均當刪去。

〔六二〕太平元年，四月宋丙午，應是宋乙巳。九月宋甲戌，應是宋癸酉。十一月注：「宋癸酉，異。」應是壬申，遼、宋同。十二月遼辛丑，宋壬寅。

〔六三〕太平四年，十二月遼乙卯，宋甲寅。

〔六四〕太平五年，七月遼辛巳，宋庚辰。

〔六五〕太平六年，五月丙子。遼、宋同。原誤丁丑。

〔六六〕太平八年，六月宋甲子疑是宋乙丑。

〔六七〕太平九年，八月丁卯。按八月不能是丁卯朔，疑是丁亥字誤。閏七月庚寅誤。宋閏二月庚寅。遼三月庚寅，閏三月庚申。與宋異，失書。

〔六八〕太平十年，正月乙卯，遼、宋同。本史卷一七聖宗紀作己卯，己當是乙，陳表作甲寅，相差一日。十二月宋己卯，疑是庚辰。

〔六九〕太平十一年，八月宋庚子，誤，當作丙子。聖宗皇帝哀册（見全遼文卷六）作丙子。十二月甲辰，原誤癸卯。

〔七〇〕重熙元年，正月宋壬申。本史卷一七聖宗紀作壬申，同。輯要、陳表作癸酉，遼、宋同。

〔七一〕重熙四年，六月癸酉，應作癸丑，遼、宋同。

〔七二〕重熙六年，四月宋甲辰，誤。應是癸卯。十二月己亥，應是戊辰。不能十一月、十二月兩月同是己亥。

〔七三〕重熙八年，六月遼辛酉，宋庚申。

〔七四〕重熙九年，五月遼乙卯，宋甲寅。十二月遼辛巳，宋壬午。

〔七五〕重熙十年，八月戊寅，遼、宋同。

〔七六〕重熙十一年，六月壬申，遼、宋同。

〔七七〕重熙十二年，九月壬申誤，遼、宋同是乙丑。

〔七八〕重熙十三年，七月庚申，遼、宋同。十一月遼己未，宋戊午。

〔七九〕重熙十四年，三月遼戊午、宋丁巳。

〔八〇〕重熙十八年，十二月遼己未，宋庚申。宋不應進而進。

〔八一〕重熙二十二年，二月遼壬申，宋辛未。

〔八二〕清寧二年，六月遼壬子，宋辛亥。

〔八三〕清寧三年，四月丙午誤，應作丁未。

〔八四〕清寧五年，六月遼甲子，本史卷二一道宗紀作甲子同。宋癸亥。十月壬戌，遼、宋同。十二月遼辛酉，宋壬戌，失書。

〔八五〕清寧七年，六月壬午誤。應是壬子。遼、宋同。

〔八六〕清寧八年，六月甲子誤，應是丙子。遼、宋同。

〔八七〕清寧九年，八月遼庚午，宋己巳。失書。

〔八八〕清寧十年，六月遼丙寅，宋乙未。原失書遼朔。遼閏六月乙未。失書。宋閏五月丙寅，異。十月壬辰，遼、宋同。原注：「宋癸巳，異。」衍誤。

〔八九〕咸雍三年，閏三月己卯，遼、宋同，原誤閏二月。

〔九〇〕咸雍六年，二月宋癸亥，誤。遼、宋同是壬戌。長編作壬戌同。八月遼己未，宋戊午。長編拾補卷七：「熙寧三年二月壬戌朔，案畢氏通鑑考異云：『瞿中溶云：遼史天象志以癸亥爲宋二月朔。』則壬戌乃正月晦日，與長編差一日。」

〔九一〕咸雍九年，五月遼甲辰，宋癸卯。十二月己巳，遼、宋同。原誤庚午。

〔九二〕大康元年，正月遼癸巳，宋甲午。十二月宋己丑誤。遼己丑，宋戊子。

〔九三〕大康三年，遼閏十二月丁未。失書。

〔九四〕大康四年，正月遼丙子，宋丁未。宋閏正月丙子。原作「五月」，誤。閏考不誤。

〔九五〕大康六年，是年遼閏八月庚申朔，與宋異，失書。九月庚寅。宋九月庚申，閏九月庚寅。

〔九六〕大康十年，按清河公女墳記（見全遼文卷九）大康十年閏八月。

〔九七〕大安元年，「缺一閏」三字衍。

〔九八〕大安二年，是年閏二月己丑朔，遼、宋同，失書。六月遼、宋均丁亥。本史卷二四道宗紀作丁亥同。十月乙酉，遼、宋同。己酉誤。十一月乙卯，遼、宋同。庚午誤。

〔九九〕大安四年，十二月癸卯，誤。遼、宋均是癸酉。

〔一〇〇〕大安七年，遼閏八月戊午，失書。宋閏八月丁巳。法均大師遺行碑銘（見全遼文卷八）閏八月戊午朔，作戌者字誤。九月遼丁亥，宋丙戌。

〔一〇一〕大安八年，十月當進爲辛亥，應進未進，故與宋同。

〔一〇二〕大安十年，正月，遼甲戌，失書。宋癸酉。五月遼壬申，宋辛丑。

〔一〇三〕壽隆元年，九月宋癸巳。疑，應作宋甲午。

〔一〇四〕壽隆五年，閏九月庚午，遼、宋同。

〔一〇五〕乾統二年，七月遼乙卯，宋甲申。十月遼癸丑，宋壬子。

〔一〇六〕乾統三年，八月遼戊申，宋丁未。

〔一〇七〕乾統五年，是年遼閏三月己亥朔，三月己巳，與宋異，失書。宋閏二月己巳，三月戊戌。

〔一〇八〕乾統七年，四月遼丁巳，宋丙辰。五月遼丙戌，宋乙酉。六月宋乙卯，遼疑丙辰。

〔一〇九〕乾統十年，遼閏八月丙申。失書。宋閏八月丁酉。四史朔閏考：遼閏七月，不合。

〔一一〇〕天慶三年，十月遼己酉，宋戊申。

〔一一一〕天慶八年，是年閏九月庚戌朔，遼、宋同，原作「五月」誤。金史卷二太祖紀：天輔二年亦閏九月。

〔一一二〕保大元年，九月遼癸亥，宋壬戌。

遼史補注卷四十五

志第十五

百官志一

官生於職，職沿於事，而名加之。後世沿名，不究其實。吏部一太宰也，爲大司徒，爲尚書，爲中書，爲門下。兵部一司馬也，爲大司馬，爲太尉，爲樞密使。沿古官名，分今之職事以配之，於是先王統理天下之法，如治絲而棼，名實淆矣。

契丹舊俗，事簡職專，官制樸實，不以名亂之，其興也勃焉。太祖神册六年，詔正班爵。至于太宗，兼制中國，官分南、北，以國制治契丹，以漢制待漢人。國制簡樸，漢制則沿名之風固存也。遼國官制，分北、南院。〔一〕北面治宮帳、部族、屬國之政，南面治漢人州縣、租賦、軍馬之事。因俗而治，得其宜矣。〔二〕

初，太祖分迭剌夷離堇爲北、南二大王，謂之北、南院。〔三〕宰相、樞密、宣徽、林牙，下至郎君、護衛，皆分北、南，其實所治皆北面之事。語遼官制者不可不辨。〔四〕

凡遼朝官，北樞密視兵部、南樞密視吏部，北、南二王視户部，夷離畢視刑部，宣徽視工部，敵烈麻都視禮部，北、南府宰相總之。惕隱治宗族，林牙修文告，于越坐而論議以象公師。朝廷之上，事簡職專，此遼所以興也。

〔一〕下文以北面南面分叙，或謂此院字爲面字之誤，亦可解。實則遼官分北南，先於北、南面。草原傳統，舊分左右，亦即北、南。此指上文國制草原舊俗言。

〔二〕按北謂國制，沿草地傳統；南謂漢制，沿中原傳統。北面猶言北邊、北方，指北境牧獵區；南面猶言南邊、南方，指南境農業區。北面官與南面官之别，主要在地方官。射獵游牧地區行部族制；農耕地區行州縣制。國内只存一中樞，中樞以北爲主，參用漢制。中葉以後，漢官漸增，實權仍在皇帝，經捺鉢會議宣布施行。有遼二百餘年中，雖不斷吸收中原制度。但官制則未擺脱舊俗。本史卷一〇五能吏傳序云：「惟朝廷參置國官，吏州縣者多遵唐制。」所言似是而未全面。

契丹國志卷二三建官制度：「其官有契丹樞密院及行宫都總管司，謂之北面，以其在牙帳之北，以主蕃事；又有漢人樞密院、中書省、行營（宫）都總管司，謂之南面，以其在牙帳之南，以主漢事。」此文源於李燾長編仁宗天聖九年（興宗景福元年，一〇三一）六月。行宫都總管司之外，别無「行營都總管司」。漢人樞密院係因晉官稱樞密使，如李崧、趙延壽、劉珂等，其事畧當於太祖初年之漢兒司。永瑢等歷代職官表卷四：「遼以北面官治宮帳部族，南面官治漢人州縣。蓋以所掌事宜爲分別，並非指省署建置之地而言。葉隆禮所云，乃臆測之詞，不足據也。」以所掌分南北。省署亦分在牙帳南北。龍衮江南野史卷二云：「蕃不治漢，漢不治蕃，蕃、漢不同治。」得自契丹使者之回答，殆分別管理之意，非確切記録。武溪集卷一八契丹官儀云：「胡人之官，領番中職事者皆胡服，謂之契丹官。樞密、宰臣，則曰北樞密、北宰相。領燕中職事者，雖胡人亦漢服，謂之漢官，執政者則曰南宰相、南樞密。契丹樞密使帶平章事者，在漢宰相之上；其不帶使相及雖帶使相而知樞密副使事者，即在宰相下。其漢宰相必兼樞密使乃得預聞機事。蕃官有參知政事，謂之夷離畢。漢官參知政事，帶使相者，乃得坐穹廬中議事。其宣徽使，惟掌宣傳詔命而已。文譙侍立，如閤門使之比。」此言朝中之蕃官、漢官，爲聖宗以後之事。服制變革，參本史卷五六儀衛志二。

本史卷四太宗紀會同三年十二月，「詔契丹人授漢官者從漢儀，聽與漢人婚姻」。亦謂以統治地區、對象爲區別。雖有契丹人任漢官，但多數漢官爲漢人。在法律及其他制度方面，亦因牧區、農區之別，形成兩元體制，嗣後雖屢次努力合流，直至亡國，未得實現。

〔三〕遼制北面官承草地傳統，職分左右，亦即北南。元文類卷二三閻復太師廣平貞憲王碑：「國初，官制簡古，置左、右萬夫長，位諸將之上，首以武忠居右，東平忠武王居左。翊衛宸極，猶車之有輪，身之有臂。」元初亦承草原傳統。猶如匈奴之左、右賢王。漢制南面官承中原傳統，官有三師、三公、六部、九寺，皆用三或三之倍數。按太祖分迭剌部爲北、南院，置夷離堇分治之，在天贊元年十月，見本史卷二太祖紀下及卷六九部族表；改夷離堇爲大王，在會同元年十一月，見本史卷四太宗紀下及卷三二營衛志中。此以分部、改大王連書於太祖時，未惬。

〔四〕面與院不同，北、南院均屬北面。

北面

北面朝官〔一〕

契丹北樞密院。掌兵機、武銓、羣牧之政，凡契丹軍馬皆屬焉。〔二〕以其牙帳居大内帳殿之北，故名北院。元好問所謂「北衙不理民」是也。〔三〕

北院樞密使。〔四〕

知北院樞密使事。〔五〕

知樞密院事。〔六〕

北院樞密副使。

知北院樞密副使事。〔七〕

同知北院樞密使事。

簽書北樞密院事。

北院都承旨。〔八〕

北院副承旨。

北院林牙。

知北院貼黃。〔九〕

給事北院知聖旨頭子事。

掌北院頭子。

北樞密院敞史。

北院郎君。〔一〇〕

北樞密院通事。〔一一〕

北院掾史。〔一二〕

北樞密院中丞司。〔一三〕

北南樞密院點檢中丞司事。〔一四〕

總知中丞司事。〔一五〕

北院左中丞。〔一六〕

北院右中丞。〔一七〕

同知中丞司事。〔一八〕

北院侍御。〔一九〕

〔一〕北面及北面朝官，原無此二目。按卷首目録有「北面」，下文卷四七有「南面」、「南面朝官」之目，南面朝官序云：「遼有北面朝官。」又續通志卷一三二遼官制亦列「北面」、「北面朝官」。道光殿本已增，今補。

〔二〕契丹北南樞密院以武銓、文銓分工，一掌兵機，一掌丁賦，分理軍民，此是前期職掌。聖宗以後，北院漸管民政，南院亦預軍事。朝廷倚重北面官，北樞密院管契丹部族，南樞密院管漢人州縣。北院權尤重，且有合流趨勢。所謂「天下之事，叢於樞府」，即指北院。金史卷七五左企弓傳：「遼故事，軍政皆關決北樞密院，然後奏御。」亦就後期而言。

〔三〕元文類卷五一元好問撰故金漆水郡侯耶律公墓誌銘：「遼人主盟將二百年，至如南衙不主兵，北司不理民，縣長官專用文吏，其間可記之事多矣。」應爲此引元好問語之所本。

〔四〕按本史卷五世宗紀：「大同元年八月，始置北院樞密使，以安摶爲之。九月，改元天禄，以高勳爲南院樞密使。」樞密沿中原舊官，分爲南北，則附北方傳統。樞密使李崧、趙延壽等因中原舊官沿其名，先於北、南樞密院。既設北、南樞密院之後，漸以蕃、漢分工。

北院樞密使亦簡稱樞密使，本史卷一八興宗紀重熙二年十二月，以北府宰相蕭孝先爲樞密使，卷八七本傳即作北院樞密使。

〔五〕本史卷二四道宗紀大安二年六月，「以知樞密院事耶律斡特剌兼知左夷離畢事」。卷九七本傳：「大安四年改北院樞密副使，帝賜詩褒之，遷知北院樞密使事。磨古斯叛，斡特剌率兵進討。」卷二五道宗紀大安十年四月，「以知北院樞密使事耶律斡特剌爲都統，討磨古斯」。卷九七本傳：「乾統初，復兼南院樞密使，遷北院樞密使。」按本史卷二七天祚紀乾統四年七月，「以西北路招討使蕭得里底、北院樞密副使耶律愼思並知北院樞密使事」。同時二人同職。又六年正月，「遣知北院樞密使事蕭得里底、知南院樞密使事牛溫舒使宋」。本史卷一九興宗紀，重熙十二年八月燕國王洪基知北、南院樞密使事，進封燕趙國王。卷二〇興宗紀，重熙十九年七月，「以燕趙國王洪基領北南樞密院」。卷二一道宗紀：重熙十二年，「總北南院樞密使事」。以儲位總攬全局，臨於北、南樞密之上。此時仍有南院樞密使蕭革，知北院樞密使事耶律仁先。耶律仁先墓誌銘（見全遼文卷八）稱：「授北面樞密，加尚父。」卷二〇興宗紀：重熙二十一年七月，蕭革由南院調爲北院樞密使。

〔六〕依南院例，此目應作知北院樞密事。按〔五〕所叙耶律斡特剌例，此職升爲樞密副使，再遷爲知北院樞密院事。本史卷二七天祚紀天慶三年十二月，「知樞密院事耶律儼薨」。卷九八本傳亦但稱知樞密院事。

〔七〕蕭韓家奴於大康二年任知北院樞密副使，見本史卷九二本傳及卷二三道宗紀大康三年七月。卷一一〇耶律乙辛傳：「道宗即位，陞北院同知，歷樞密副使。清寧五年，爲南院樞密使，改知北院。」

〔八〕曾任北院承旨者，開泰初有蕭高八，見本史卷九六蕭惟信傳；重熙中有耶律庶成，見卷一八興宗紀；蕭素颯，見卷九五本傳。卷二〇興宗紀重熙二十年十一月，「罷中丞記録職官過犯，令承旨總之」。二十二年十一月，「詔諸職事官以禮受代及以罪去者置籍，歲申樞密院」。

卷三二營衛志中：「皇帝四時巡守（述案主要指冬、夏捺鉢），契丹大小内外臣僚并應役次人，及漢人宣徽院所管百司皆從。漢人樞密院、中書省唯摘宰相一員，樞密院都副承旨二員，令史十人，中書令史一人，御史臺、大理寺選摘一人扈從。」漢人宣徽院，漢人樞密院以下謂南面官。

〔九〕本史卷一〇五蕭文傳：「大康初，掌秦越國王中丞司事，以才幹稱，尋知北面貼黄。」蕭文以中丞司吏員，升知北面貼黄即北院貼黄。

〔一〇〕本史卷四太宗紀會同元年十一月以郎君官爲敞史。

〔一一〕賈師訓墓誌銘（見全遼文卷九）：「以南北樞密院通事一人更代（燕京留守府某吏）。」又據本史卷八二耶律隆運傳，景宗朝，韓德讓曾「補樞密院通事」。

〔一二〕賈師訓墓誌銘（見全遼文卷九）有樞密院掾史，職司「覆刑曹案薄」事。張世卿墓誌銘（見全遼文卷一一）：「男一人，恭謙，曾隸北樞密院，敕留承應。」似屬掾史之類。

〔一三〕統和初年置，與南面官御史臺對稱，分掌監察。至重熙十一年，以儲位「總領中丞司事」，始統管北、南面之官吏監察。但御史臺機構仍未廢。清寧二年十二月，皇弟阿璉知中丞司事；大安四年六月，以燕國王延禧知中丞司事。先後用皇弟、儲君統管南北官吏監察，由兩元管理趨向一元化。

〔一四〕天慶中，耶律大悲奴留守上京，領北南樞密院點檢中丞諸司等事，見本史卷九五本傳。點檢中丞司事、總領中丞司事與知中丞司事皆爲本司長官，由於本人尊卑或時間前後，名稱不同。

〔一五〕大康初，蕭文掌秦越國王中丞司事。秦越國王爲興宗子阿璉，蕭文爲阿璉屬下官員。

〔一六〕蕭惟信「重熙初始仕，累遷左中丞」。蕭圖古辭「仕重熙中，以能稱，累遷左中丞」。各見本史卷九六、卷一一一本傳。

〔一七〕耶律章奴「乾統元年，累遷右中丞」。見本史卷一〇〇本傳。

〔一八〕大康中，蕭得里底兼任同知中丞司事。見本史卷一〇〇本傳。

〔一九〕耶律引吉於清寧間任北樞密院侍御，見本史卷九七本傳。又稱樞密院侍御者，統和中有耶律八哥，咸雍年間有蕭陶蘇斡，天慶初有耶律阿息保。各見卷八〇、卷一〇一本傳，俱未言北、南院。

契丹南樞密院。掌文銓、部族、丁賦之政，凡契丹人民皆屬焉。〔一〕以其牙帳居大内之南，故名南院。元好問所謂「南衙不主兵」是也。

南院樞密使。〔二〕

知南院樞密使事。〔三〕

知南院樞密事。

南院樞密副使。

知南院樞密副使事。

同知南院樞密使事。

簽書南樞密院事。

南院都承旨。〔四〕

南院副承旨。

南院林牙。〔五〕

知南院貼黄。

給事南院知聖旨頭子事。

掌南院頭子。

南樞密院敞史。

南院郎君。

南樞密院通事。

南院掾史。

南樞密院中丞司。〔六〕

北南樞密院點檢中丞司事。

總知中丞司事。

南院左中丞。

南院右中丞。

同知中丞司事。

南院侍御。

〔一〕按此是前期與北樞密院之分工。乾亨三年以後，韓德讓任南院樞密使，統和四年，從太后出師敗宋兵，師還，與北府宰相室昉共執國政十二年，代北府宰相仍領樞密使。會北院樞密使耶律斜軫薨，詔德讓兼之。久之，拜大丞相，總二樞府事。趨向兩源合流。

自天祿元年高勳任南院樞密使至太平十年，宗真以皇太子判北、南院樞密使事，八十餘年間，除蕭觀音奴同知南院爲契丹人外均漢人。足見南院爲南面漢人官之性質。自重熙三年蕭普古爲南院樞密使，南院漸任契丹人，直至天慶四年，八十年間任南院者，契丹、漢人參半，此正反映南北合流。洪基、濬、延禧均效宗真以太子兼南、北二樞密總攬大政時，多用契丹人，仍屬合流趨勢，但終未合一。北、南樞密院設於同年八月、九月（參見本史卷五世宗紀天祿元年），分管番漢政務，漢人樞密院遂爲南院代替。

〔二〕本史卷八景宗紀：應曆十九年，穆宗遇弒，帝率南院樞密使高勳等馳赴。卷八五高勳傳：「應曆十七年，知南院樞密事。保寧中，遷南院樞密使。」長編卷一〇：「（宋太祖開寶二年，（遼）改元保寧。以上樞密使、知政事令高勳守政事令，封秦王。」本史卷七九郭襲傳：「景宗即位，拜南院樞密使。」通鑑唐紀：唐昭宗天復三年正月戊申，「以王知古爲上院樞密使，楊虔朗爲下院樞密使」。胡注：「樞密分東西院，東院爲上院，西院爲下院。」長編稱高勳曰上樞密使、蓋以上、下院指南、北樞密。

〔三〕本史卷八九楊皙傳：「重熙十二年，累遷樞密都丞旨，進樞密副使。清寧初，入知南院樞密使，與（南院樞密使）姚景行同總朝政。咸雍初，拜樞密使。」卷九七複出楊績傳：「累遷南院樞密副使。清寧初，兼同知樞密院事。咸雍初，入知樞密院事。二年，拜南院樞密使。」卷二二道宗紀：「咸雍元年三月，「楊績知樞密院事」。二年十二月，「以知樞密院事楊績爲南院樞密使」。卷九七王觀傳：「咸雍七年，改南院樞密副使，賜國姓，參知政事，兼知南院樞密事。」咸雍三年，張孝傑同知樞密院事，紀、傳相同。

卷八六牛温舒傳：「壽隆中，拜參知政事，兼同知樞密院事。乾統初，復參知政事，知南院樞密使事。」

〔四〕曾任南院承旨者，統和初有蕭普達，開泰初有蕭朴，並見本史卷九二、卷八〇本傳。卷一九興宗紀：重熙十二年正月有樞密院都承旨王惟吉，又見卷一一五西夏外記。同年，楊皙遷樞密都承旨。重熙中，劉伸擢樞密都承旨。重熙末，楊遵勗遷樞密院副承旨，咸雍三年，遷都承旨。（卷二二道宗紀咸雍七年十二月作都承旨楊興工，即遵勗。）乾統中，馬人望擢樞密都承旨，各見卷八九、卷九八、卷一〇五本傳。道宗時賈師訓授樞密都承旨，見賈師訓墓誌銘（參見全遼文卷九）。按王惟吉以下官樞密都承旨者凡六人，俱未分南北，且均屬漢人，似因當時兩樞密合流之故。前此兩院分立，官北、南院承旨者皆契丹人。順兩院合流之趨勢，興宗重熙十二年以太子洪基加尚書令知北、南院樞使事。道宗大安七年十月，命皇孫延禧總領北、南樞密使事。由儲位總領兩院，兩院仍有主管。漢官處理具體工作。卷一〇五楊遵勗傳云：「天下之事，叢於樞府。簿書填委，遵勗剖決如流，敷奏詳敏，上嘉之。」都副承旨，均扈從捺鉢。

〔五〕檢紀、傳中無官南院林牙者。詞林典故卷二：「遼國又有北面林牙，南面林牙。」係附會對稱。

〔六〕檢紀、傳中，無南樞密院中丞司之事例。疑撰志者泥於兩院對稱觀念而增加，實南面官中，關於官吏監察職務，自太宗會同元年至遼末，一直由御史臺承擔。

日本島田正郎遼朝監察官考(大陸雜誌三十卷七期),謂南面官御史臺約在太宗會同元年設置。北面樞密院中丞司之設置約在聖宗統和初。再者,樞密院中丞司起初即設於北樞密院,非分置於北、南兩樞密院,至興宗重熙十一年前後,南北監察職務歸由一機關總理。

北宰相府。掌佐理軍國之大政,皇族四帳世預其選。

北府左宰相。

北府右宰相。

總知軍國事。

知國事。

南宰相府。掌佐理軍國之大政,國舅五帳世預其選。〔一〕

南府左宰相。

南府右宰相。

總知軍國事。

知國事。

北大王院。分掌部族軍民之政。

北院大王。初名迭剌部夷離菫，〔二〕太祖分北、南院，太宗會同元年改夷離菫爲大王。

知北院大王事。

北院太師。

北院太保。

北院司徒。

北院司空。

北院郎君。

北院都統軍司。掌北院從軍之政令。

北院統軍使。

北院副統軍使。

北院統軍都監。

北院詳穩司。掌北院部族軍馬之政令。

北院詳穩。

北院都監。

北院將軍。

北院小將軍。

北院都部署司。掌北院部族軍民之事。

北院都部署。

北院副部署。

南大王院。分掌部族軍民之政。

南院大王。

知南院大王事。

南院太師。

南院太保。天慶八年，省南院太保。

南院司徒。

南院司空。

南院郎君。

南院都統軍司。掌南院從軍之政令。

南院統軍使。

南院副統軍使。

南院統軍都監。

南院詳穩司。掌南院部族軍馬之政令。

南院詳穩。

南院都監。

南院將軍。

南院小將軍。

南院都部署司。掌南院部族軍民之事。

南院都部署。

南院副部署。〔三〕

〔一〕本史卷一太祖紀太祖元年，北宰相蕭轄剌，南宰相耶律歐里思，曾率羣臣勸進。可見北、南宰相，建元之前已有。卷三四兵衞志：「有耶律雅里者，分五部爲八、立二府以總之。」二府即北、南宰相府。卷八五蕭塔列葛傳：「蕭塔列葛，五院部人。八世祖只魯。唐安禄山來攻，只魯戰於黑山之陽，敗之。以功爲北府宰相，世預其選。」可見不止二府宰相爲舊有，宰相世選亦舊制。太祖即位四年（九一〇），以后兄蕭敵魯爲北府宰相。「南府宰相，自諸弟搆亂，府之名族多罹其禍，故其位久虛，以鋤得部轄得里、只里古攝之。府中數請擇任宗室，上以舊制不可輒變；請不已，乃告於宗廟而後授之（皇弟蘇）。」參卷二太祖紀神册六年。紀、傳所見，北府宰相，多出於國舅五帳；南府宰相，多出於皇族四帳。此處應是史文錯簡。

有非國舅、皇族而爲北、南宰相者，如室昉、耶律隆運、張孝傑等曾爲北府宰相；杜防、張琳、趙惟信等曾爲南府宰相。皆漢人，亦非世預其選。卷七四韓延徽傳稱：「世宗朝，遷南府宰相，建政事省，設張理具。」非是統十六部之南府，而是南面政事令。卷三五兵衛志中：「衆部族分隸南北府，守衛四邊。」北府凡二十八部、南府凡一十六部。

〔三〕夷離菫有兩種：一爲後改大王者，本史卷一一二轄底傳：「故事：爲夷離菫者，得行再生禮。」一是石烈之長，石烈爲部族編制，當於州郡制縣鄉一級。卷六穆宗紀：「應曆二年六月，命曷魯世爲阿速石烈夷離菫。」卷六一刑法志：「阻午可汗知宗室雅里之賢，命爲夷離菫以掌刑辟。」夷離畢視刑部，此夷離菫若非夷離畢之誤，則是初設官職時，此官分任聯盟長或可汗事務。

岑仲勉突厥集史附録突厥語及其相關外語之漢文譯寫的考定表謂俟斤erkin，erkan，irkan亦作頡斤、奥鞬，漢書卷九四上匈奴傳：「匈奴遣左右奥鞬各六千騎，與左大將軍再擊漢之田車師城者。」奧鞬亦分左右，左右二分者，草原官職傳統。

〔三〕常遵化墓誌銘（見全遼文卷一三）：「公先娶於南王□番漢都部署使女。」

宣徽北院。太宗會同元年置，掌北院御前祗應之事。

北院宣徽使。〔一〕

知北院宣徽事。

北院宣徽副使。

同知北院宣徽事。〔二〕

宣徽南院。會同元年置，掌南院御前祗應之事。

南院宣徽使。〔三〕

知南院宣徽事。〔四〕

南院宣徽副使。

同知南院宣徽事。〔五〕

大于越府。無職掌，班百僚之上，非有大功德者不授，遼國尊官，猶南面之有三公。太祖以遥輦氏于越受禪。〔六〕終遼之世，以于越得重名者三人：耶律曷魯、屋質、仁先，謂之三于越。

大于越。〔七〕

大惕隱司。太祖置，掌皇族之政教。〔八〕興宗重熙二十一年，〔九〕耶律義先拜惕隱，戒族人曰：「國家三父房最爲貴族，凡天下風化之所自出，不孝不義，雖小不可爲。」其妻晉國長公主之女，每見中表，必具禮服。義先以身率先，國族化之。遼國設官之實，於此可見。太祖有國，首設此官，其後百官擇人，必先宗姓。〔一〇〕

惕隱。亦曰梯里已。〔一一〕

知惕隱司事。

惕隱都監。

夷離畢院。掌刑獄。〔一二〕

夷離畢。

左夷離畢。〔一三〕

右夷離畢。〔一四〕

知左夷離畢事。

知右夷離畢事。〔一五〕

　敞史。〔一六〕

　選底。掌獄。〔一七〕

〔一〕韓橁墓誌銘（見全遼文卷六）：「遷宣徽北院使，歸義軍節度，沙州管內觀察處置，在任二歲，進位南院使，加檢校太尉。」按宣徽北院使似即北院宣徽使；南院使即南院宣徽使。武溪集卷一八契丹官儀：「隨駕賜與，則樞密院主之，謙勞則宣徽使主之。」

〔二〕契丹國志卷一〇天祚朝間，韓汝誨官同知宣徽北院事。

〔三〕保寧中，耶律阿没里爲南院宣徽使，見本史卷七九本傳。卷四太宗紀會同五年正月，北王府郎君耶律海思應詔稱旨，特授宣徽使。武溪集卷一八契丹官儀：「其宣徽使惟掌宣傳詔命而已，文謙侍立如閤門使之比。」

〔四〕契丹國志卷一九有（知）宣徽南院事韓紹昇。

〔五〕本史卷八六耶律褭履傳：「重熙間，召拜同知南院宣徽事。」卷九一耶律僕里篤傳：「太平中，同知南院宣徽事。」

〔六〕本史卷一太祖紀：「拜太祖于越，總知軍國事。」卷七三耶律曷魯傳：「太祖爲于越，秉國政。」卷六四皇子表：「先遥輦氏可汗歲貢於突厥，至釋魯爲于越，始免。」卷五九食貨志：「仲父述瀾爲于越，飭國人樹桑麻，習組織。」可見太祖以前于越爲有權官職。建國以後，則以于越授有功德者，亦作加官。

〔七〕蕭翰、耶律魯不古、耶律休哥、屋只、高十、阿思、乙辛等皆曾爲于越者。蕭翰即大首領部族軍中之大首領于越。休哥即宋人呼爲「神于越」者。

本史卷一二聖宗紀統和六年六月：「夷離堇阿魯勃送沙州節度使曹恭順還，授于越。」卷三一營衛志著帳郎君：「初，遥輦痕德堇可汗以蒲古只等三族害于越釋魯，籍没家屬入瓦里。」卷一〇〇耶律朮者傳：「耶律朮者，字能典，于越蒲古只之後。」是蒲古只與釋魯同爲遥輦時之于越。有在于越之上冠以尊稱者，如耶律曷魯稱阿魯敦于越，謨葛失被封神于越之類。

于越官號，不僅契丹有，契丹族外亦有。本史卷四太宗紀：「會同四年三月，特授回鶻使闊里于越。」卷八景宗紀：「保寧三年十一月，臚朐河于越延尼里等，率户四百五十來附，乞隸宫籍。詔留其户，分隸敦睦、積慶、永興三宫，優賜遣之。」卷二〇興宗紀：「重熙十七年七月，于越摩梅欲之子不葛一等内附。」則皆契丹族以外之于越。西州程記云：「高昌王以其舅爲于越」亦此類。

島田正郎遼朝于越考（大陸雜誌三十五卷十六期）：「于越無職掌，亦不置僚屬，却可斷知爲曾任迭剌部夷離菫或五院、六院首長（北、南院大王），出身於這些部内之有勢力之家族，特別有治蹟者，始得膺此榮譽官職。于越有時亦爲兼職，備顧問。」

「位居北、南大王上」之含義，應是較北樞密使（契丹樞密院）爲低，因無自北樞密使成爲于越之例。即令是契丹人，亦仍認爲以加號南面師公者爲常例。由於最高行政長官加號南面之師公，殆亦調和蕃、漢，傾向南北結合之趨勢。

宋會要蕃夷一：「真宗咸平元年（統和十六年，九九八）七月，契丹于越王下五寨監使馬守玉與其弟租子寨使守琛、雕翎寨使王知遇等百七十五人，挈族來歸。帝召見，因問守玉事于越，月廩幾何？對：『歲給粟百斛，亦虚名耳。暴斂重役，不任其苦。』詔賜衣服銀帶，給田處之。」島田誤斷句讀，以月廩爲于越所得。

劉承嗣墓誌銘（見全遼文卷一三）：「女共十人……次曰□，適于越王都提舉使楊威儀。」此都提舉使亦應如五寨監使之類，爲于越王辦事，未必爲國家官職。

〔八〕本史卷一太祖紀太祖二年正月，始置惕隱，典族屬。

〔九〕重熙二十一年，原誤「二十二年」。據本史卷二〇興宗紀重熙二十一年十二月，卷九〇耶律義先傳改。

〔一〇〕下文大内惕隱司，掌皇族四帳之政教，與此爲同一機構。武溪集卷一八契丹官儀：「惕隱司，掌宗室。」契丹國志卷二三云：「其惕隱（司），宗正寺也。」

〔一一〕本史卷四太宗紀會同元年十一月，「以二部梯里已爲司徒」。

〔一二〕夷離畢出現較早。本史卷一太祖紀：七年三月，親征剌葛，「留夷離畢直里姑總政務」。夢溪筆談卷二五記：「刁約使契丹，戲爲四句詩曰：『押宴移離畢……』移離畢，官名，如中國執政官。」本史卷一一六國語解云：「夷離畢即參知政事。後置夷離畢院，以掌刑政。」在置夷離畢院之前，未專掌刑政。

〔一三〕本史卷九一耶律韓八傳：「會北院奏南京疑獄久不決，帝（聖宗）召韓八馳驛審録，舉朝皆驚，韓八量情處理，人無冤者，上嘉之。景福元年，爲左夷離畢。」

〔一四〕本史卷一五聖宗紀：「開泰五年二月，以前東京統軍使耶律韓留爲右夷離畢。四月，以左夷離畢蕭合卓爲北院樞密使。」此時似已有夷離畢院。卷二一道宗紀：「咸雍元年十二月，以南京留守蕭惟信爲左夷離畢。二年七月，左夷離畢蕭惟信（爲）南院樞密使。」

〔一五〕本史卷二〇興宗紀：「重熙十七年三月，以知右夷離畢事唐古爲右夷離畢。」卷二一道宗紀：「清寧二年十一月，（以）知左夷離畢事耶律劃里爲夷離畢。」「清寧四年二月，詔夷離畢：諸路鞫死罪，獄雖具，仍令别州縣覆按，無冤，然後決之，稱冤者，即具奏。」

〔一六〕本史卷九五蕭素颯傳：「子謀魯斡，初補夷離畢郎君。」卷四太宗紀：「會同元年十一月，（以）郎君官爲敞史。」

〔一七〕按本史卷一一六國語解：「選底，主獄官。」則此掌獄二字爲釋選底職事者，非另有掌獄一官。

大林牙院。掌文翰之事。〔一〕

北面都林牙。〔二〕

北面林牙承旨。〔三〕

北面林牙。〔四〕

左林牙。

右林牙。〔五〕

〔一〕林牙爲漢語「翰林爺」借入契丹語中之省簡。契丹官職亦以此稱掌管文書者。本史卷一一六國語解：「林牙，掌文翰官，時稱爲學士。其羣牧所設，止管簿書。」即兼而言之。新五代史卷七二云契丹陵寢官職中「置明殿學士一人，掌答書詔」。即掌文翰之官。羣牧都林牙即管羣牧簿書者。太醫局都林牙應是翰林醫官，四局都林牙按太醫局之例，則是每局設都林牙一人。設非總管行政，按業務性質，不易由一人兼管四局。

據紀、傳所見，仍有僅屬稱號（官銜）或功名之例，如本史卷七六耶律魯不古傳：「初，太祖制契丹國字，魯不古以贊成功，授林牙……」卷七五突吕不傳：「及製契丹大字，突吕不贊成爲多。未幾，爲文班林牙，領國子博士、知制誥。」卷八八耶律資忠傳：「乃以爲林牙，知惕隱事。」則林牙似功名也。按時間，始見林牙，乃文班林牙，而文班林牙又似屬於文班之林牙（見文班司），大林牙院應較文班司晚出，其事殆如漢兒司與漢人樞密院之比，但文班司似未廢除。道宗清寧初有文班太保蕭巖壽，咸雍間蕭謀魯斡亦曾官文班太保，並見卷九九、卷九五本傳。

〔二〕紀、傳中無「北面都林牙」官號，但有「都林牙」名目。本史卷八九耶律庶箴傳：「庶箴，字陳甫，善屬文。」卷一八興宗紀重熙三年七月，「以耶律庶徵、劉六符、耶律睦、薄可久充賀宋來歲正旦使副。」長編宋仁宗景祐二年四月，「契丹遣林牙、保大節度使耶律庶幾，政事舍人劉六符，來賀乾元節」。（述案興宗紀以音同誤「箴」爲「徵」，長編以形似誤「箴」爲「幾」。）卷八九耶律庶箴傳云：「（咸雍）九年，知薊州事。明年，遷都林牙。上表乞廣本國姓氏。子蒲魯。」耶律蒲魯傳云：「蒲魯，習漢文，未十年，博通經籍。重熙中，舉進士第。主文以國制無契丹試進士之條，聞於上，以庶箴擅令子就科目，鞭之二百。父庶箴嘗寄戒諭詩，蒲魯答以賦，衆稱其典雅，寵遇漸隆。」根據庶箴父子學識經歷，咸雍十年，庶箴以林牙遷都林牙，其非羣牧都林牙或四局都林牙之省稱而爲掌文翰之都林牙無疑。惟南面官翰林院有翰林都林牙。庶箴之兄庶成曾於重熙十三年六月以翰林都林牙之職受詔編集國朝上世以來事蹟。庶箴、庶成弟兄任都林牙年月，正在醞釀籌組南北兩元官制統一時期，北面都林牙即翰林都林牙，爲朝廷首席文翰官。亦即道宗末年耶律固曾任之總知翰林院事。

〔三〕本史卷九六耶律敵烈傳：「敵烈，好學，工文詞。重熙末，補牌印郎君，兼知起居注。清寧元年，稍遷同知永州事，禁盜有功，改北面林牙承旨。」

〔四〕本史卷一三聖宗紀統和八年六月，「以北面林牙磨魯古爲北院大王。」卷八八蕭恒德傳：「統和元年，遷南面林牙。征高麗還，改北面林牙。子匹敵。」蕭匹敵傳：「統和（應是開泰）八年，改北面林牙。」卷九五耶律弘古傳：「統和間，入爲北面林牙。」耶律仁先墓誌銘（見全遼文卷八）：「遷殿前副點檢，假授北面林牙，又遷副樞密使。」南面林牙見南面官翰林院。

〔五〕本史卷八二耶律滌魯傳：「重熙初，歷北院宣徽使，右林牙，副點檢。」

敵烈麻都司。掌禮儀。

敵烈麻都。〔一〕

總知朝廷禮儀。〔二〕

總禮儀事。〔三〕

〔一〕敵烈麻都出現於祭山儀、瑟瑟儀、拜陵儀及臘儀，均執具體任務。本史卷四九禮志祭山儀云：「禮官曰敵烈麻都，奏『儀辦』。」拜陵儀亦記敵烈麻都奏「儀辦」。瑟瑟儀中，乞雨驗，則「賜敵烈麻都馬四匹、衣四襲；否則以水沃之。」卷五一禮志三臘儀中，「皇帝皇后昇轝，敵烈麻都以酒二尊、盤飧奉進」。均屬舊俗遺存者。

〔二〕本史卷八七蕭撒八傳：「（重熙間）尚魏國公主，拜駙馬都尉，爲北院宣徽使，仍總知朝廷禮儀。

重熙末，出爲西北路招討使、武寧郡王。」此較敵烈麻都所掌管廣泛，時期較晚。

〔三〕本史卷七五耶律突吕不傳：「(天顯)十一年送晉主石敬瑭入洛。及大册，突吕不總禮儀事，加特進檢校太尉。」卷七九室昉傳：「太宗入汴受册禮，詔昉知制誥，總禮儀事。」此似臨時指派，未必爲固定官職。

文班司。所掌未詳。〔一〕

文班太保。〔二〕

文班林牙。〔三〕

文班牙署。〔四〕

文班吏。〔五〕

〔一〕文班司爲漢語名稱，顧名思義，應掌文翰之事。按上文，文翰之事掌於大林牙院，則此司顯然重複。疑此與大林牙院屬前後時期所置。

〔二〕本史卷一四聖宗紀：「統和二十年四月，文班太保達里底敗宋兵於梁門。」卷二二道宗紀清寧九年七月，有文班太保奚叔參與重元叛變。卷九九蕭巖壽傳：「歷文班太保、同知樞密院事。」

〔三〕本史卷七五耶律突吕不傳：「製契丹大字，突吕不贊成爲多。未幾爲文班林牙，領國子博士、知制誥。」卷三太宗紀：天顯三年五月，「命林牙突吕不討烏古部」。卷九一耶律僕里篤傳：「六院林牙突吕不也（應爲突吕不）四世孫。」又卷九二耶律古昱傳：「北院林牙突吕不四世孫。」北院即六院，明族係，林牙示功名，文班林牙則屬文班之林牙，以區别於司簿書之職。

〔四〕本史卷四太宗紀會同元年十一月，改訂官制中，宣佈文班牙署官爲敞史。

〔五〕本史卷三太宗紀：「天顯十二年二月，晉遣唐所掠郎君剌哥、文班吏蕭觧里還朝。」卷一一聖宗紀統和四年三月宋、遼交兵時，「遣飛龍使亞剌、文班吏亞達馬閲馬以給先發諸軍」。卷一一〇耶律乙辛傳：「重熙中，爲文班吏，掌太保印。陪從入宫。累遷護衛太保。」

阿札割只。所掌未詳。遥輦故官，後併樞密院。

阿札割只。〔一〕

〔一〕阿札割只，本史卷六七外戚表作阿札豁只。卷一一六國語解：「位在樞密使下，蓋墩官也。」卷七一淳欽皇后傳：后父「月椀，仕遥輦氏爲阿札割只」。卷七三蕭敵魯傳云：「五世祖曰胡母里，遥輦氏時嘗使唐，由是世爲決獄官。」是阿札割只即決獄官也。

本史卷一五聖宗紀開泰五年三月，「以前北院大王耶律敬温爲阿札割只」。又卷一六聖宗紀開泰八年十月，「以前北院大王建福爲阿札割只」。（按卷一五聖宗紀開泰四年四月，「以林牙建福爲北院大王」。疑耶律敬温即建福，前後重複。）

北面御帳官

三皇聖人也，當淳朴之世，重門擊柝，猶嚴於待暴客。遼之先世，未有城郭、溝池、宮室之固，氈車爲營，硬寨爲宮，御帳之官不得不謹。出於貴戚爲侍衛，著帳爲近侍，北南部族爲護衛，武臣爲宿衛，親軍爲禁衛，百官番宿爲宿直。奉宸以司供御，三班以肅會朝，硬寨以嚴晨夜。法制可謂嚴密矣。考其凡如左。

侍衛司。掌御帳親衛之事。

侍衛太師。

侍衛太保。

侍衛司徒。

侍衛司空。

侍衛。

近侍局。

近侍直長。〔一〕

近侍。

近侍小底。

近侍詳穩司。

近侍詳穩。〔二〕

近侍都監。

近侍將軍。〔三〕

近侍小將軍。

〔一〕本史卷九七孩里傳：「孩里，重熙間歷近侍長。清寧九年，討重元之亂有功。累遷殿前都點檢，以宿衛嚴肅稱。」

〔二〕本史卷二二道宗紀：清寧九年七月，「涅魯古躍馬突出，將戰，爲近侍詳穩渤海阿廝、護衛蘇射殺之」。

〔三〕本史卷九八蕭兀納傳：「清寧初，補祇候郎君。遷近侍敞史。」按下文四帳都祥穩司有「將軍，本名敞史」，此近侍敞史應即近侍將軍。

北護衛府。掌北院護衛之事。皇太后宮有左右護衛。

北護衛太師。

北護衛太保。

北護衛司徒。

總領左右護衛司。

總領左右護衛。〔一〕

左護衛司。

左護衛太保。

左護衛。

右護衛司。

右護衛太保。

右護衛。

南護衛府。掌南院護衛之事。

南護衛太師。

南護衛太保。

南護衞司徒。

總領左右護衞司。

總領左右護衞。

左護衞司。

左護衞太保。

左護衞。

右護衞司。

右護衞太保。

右護衞。

奉宸司。掌供奉宸御之事。

官名未詳。

奉宸。〔二〕

〔一〕本史卷八七蕭撒八傳：「以柴册禮恩，加檢校太傅、永興宮使，總領左右護衞，同知點檢司事。」全遼文卷六韓椅墓誌銘：「繼室蕭氏生三女，一適護衞將軍蕭朱。」護衞將軍未著。卷一三趙匡禹墓誌銘：「夫人蕭氏，故護衛相公之女。」護衛相公或是世俗尊稱。

〔二〕本史卷九五耶律適祿傳：「清寧初，爲本班郎君，稍遷宿直官。乾統中，加奉宸。」卷五八儀衛志四鹵簿儀仗有：「隨駕諸司供奉官三十人，三班供奉官六十人。」内供奉班祇候，見全遼文卷一一丁文逌墓誌銘。卷九蕭義墓誌銘：「一男沖之，故燕國王初誕（天祚德妃生子），申舅族之慶，拜左奉宸。」卷七王澤妻李氏墓誌銘：「左奉宸諱鑒之女也。」

三班院。掌左、右、寄班之事。〔一〕

左班都知。

右班都知。〔二〕

寄班都知。〔三〕

〔補〕三班院奉職。〔四〕

〔補〕三班院判官。〔五〕

三班院祇候。〔六〕

宿衛司。專掌宿衛之事。

總宿衛事。亦曰典宿衛事。〔七〕

總知宿衞事。〔八〕

同掌宿衞事。

宿衞官。〔九〕

禁衞局。

總禁衞事。〔一〇〕

禁衞長。〔一一〕

宿直司。掌輪直官員宿直之事。〔一二〕皇太后宫有宿直官。

宿直詳穩。

宿直都監。

宿直將軍。

宿直小將軍。

宿直官。〔一三〕

宿直護衞。

硬寨司。掌禁圍槍寨、下鋪、傳鈴之事。

硬寨太保。

皇太子惕隱司。掌皇太子宫帳之事。〔一四〕

皇太子惕隱。

〔一〕簡稱班院，見本史卷三七地理志一：「祖州，班院祗候蕃、漢、渤海三百人。」

〔二〕左班殿直見全遼文卷六韓檣墓誌銘，卷一一丁文逌墓誌銘。右班殿直見卷八董匡信及妻王氏墓誌銘。左番殿直見卷一三王裕墓誌銘。右番殿直見卷五王鄰墓誌銘。此左番、右番應即左班、右班。

〔三〕本史卷七八耶律夷臘葛傳：「應曆初，遷寄班都知，賜宫户。」

〔四〕此目五字原缺。保大元年王居忠造經題記（見全遼文卷一一）有「三班奉職王居忠」，另條又稱王奉職，奉職應是官名，據補。

〔五〕此目五字原缺。王澤妻李氏墓誌銘（見全遼文卷七）：「次（女）適三班判官鄭濤。」據補。

〔六〕本史卷二三道宗紀大康四年十一月：「錦州民張寶四世同居，命諸子三班院祗候。」則三班院祗候是共稱，實際官名爲左班祇候，右班祇候，寄班祇候。金史卷八二蕭仲恭傳：「遼故事，宗戚子弟別爲一班，號『孩兒班』，仲恭嘗爲班使，歷宮使、本班詳穩。」

〔七〕檢紀、傳中無本司所列官職。本史卷八二耶律隆運傳：「景宗疾大漸，與耶律斜軫俱受顧命，立梁王爲帝，皇后爲皇太后，稱制，隆運總宿衛事，太后益寵任之。」此處總宿衛事爲叙事行文，非官職專稱。

〔八〕本史卷七七耶律安摶傳：「帝（世宗）立，以安摶爲腹心，總知宿衛。」此亦似行文叙説，非官職。

〔九〕本史卷二二道宗紀清寧九年七月，「重元亡入大漠，自殺。以仁先爲北院樞密使，進封宋王，加尚父。宿衛官蕭乙辛、回鶻海鄰、褭里、耶律撻不也、阿厮，宮分人急里哥、霞抹、乙辛、只魯並加上將軍」。檢卷九七孩里傳：「孩里，回鶻人，重熙間歷近侍長，清寧九年，討重元之亂有功，加金吾衛上將軍。」卷九九耶律撻不也傳：「撻不也，累遷永興宮使。（清寧）九年，平重元之亂，以功知點檢司事。」此宿衛官果是官職專名，抑或一般通稱，尚待例證。

〔一〇〕本史卷八七蕭孝先傳：「（太平）十一年，帝不豫，欽哀召孝先總禁衛事。」

〔一一〕本史卷七七耶律屋質傳：「（天禄）五年，爲右皮室祥穩。秋，察割弑帝（世宗）。屋質亟遣人召諸王，及喻禁衛長皮室等同力討賊。諸將聞屋質出，相繼而至。出賊不意，圍之，遂誅察割。」

〔一二〕按本司所設官與詳穩司同。

〔一三〕耶律適禄曾任宿直官，見本史卷九五本傳。

〔一四〕此條疑誤。惕隱爲掌宗室者。參下文大内惕隱司注。

北面著帳官

古者刑人不在君側。叛逆家屬没爲著帳，執事禁衛，可爲寒心。此遼世所以多變起肘掖歟。

著帳郎君院。遥輦痕德堇可汗以蒲古只等三族害于越室魯，〔一〕家屬没入瓦里。應天皇太后知國政，析出之，以爲著帳郎君、娘子，每加矜恤。世宗悉免之。其後内族、外戚及世官之家犯罪者，〔二〕皆没入瓦里。人户益衆，因復故名。皇太后、皇太妃帳，皆有著帳諸局。

著帳郎君節度使。

著帳郎君司徒。

祗候郎君班詳穩司。

祗候郎君班詳穩。

祇候郎君直長。
祇候郎君閘撒狘。〔三〕
祇候郎君。
祇候郎君拽剌。
左祇候郎君班詳穩司。
左祇候郎君班詳穩。
左祇候郎君直長。
左祇候郎君閘撒狘。
左祇候郎君。
左祇候郎君拽剌。
右祇候郎君班詳穩司。
右祇候郎君班詳穩。
右祇候郎君直長。
右祇候郎君閘撒狘。
右祇候郎君。

右祗候郎君拽剌。

〔一〕室魯即釋魯，爲其子滑哥所害。見本史卷一一二滑哥傳。

〔二〕犯罪者，原誤「罪犯者」。據本史卷三一營衛志上著帳郎君條及文義乙正。

〔三〕本史卷九三蕭慈氏奴傳：「慈氏奴，字寧隱。太平初，以戚屬補祗候郎君。上愛其勤慎，陞閘撒狘，加右監門衛上將軍。」慈氏奴應即任祗候郎君閘撒狘。

金史卷二四地理志豐州有部族直撒。卷一三三移剌窩斡傳有羣牧直撒。直撒即扎薩，元代有扎薩克。蒙古語扎薩，義謂法令、司法，可與此參證。

閘撒爲斡魯朵基層單位，閘撒狘當是閘撒之長。本史卷一一六國語解閘撒狘條：「抹里司官，亦掌官衛之禁者。」

筆硯局。

筆硯祗候郎君。

筆硯吏。

牌印局。

牌印郎君。〔一〕

裀褥局。裀褥郎君。

燈燭局。燈燭郎君。

牀幔局。牀幔郎君。

殿幄局。殿幄郎君。

車輿局。車輿郎君。

御盞局。御盞郎君。〔二〕

本班局。本班郎君。〔三〕

皇太后祗應司。

領皇太后諸局事。〔四〕

知皇太后宫諸司事。

皇太妃祗應司。

皇后祗應司。

近位祗應司。

皇太子祗應司。

親王祗應司。

〔一〕本史卷九五耶律陳家奴傳：「重熙中，補牌印郎君，坐直日不至，降本班。時耶律仁先薦陳家奴健捷比海東青鶻，授御盞郎君。歷鷹坊、尚厩、四方館副使。」卷八九耶律庶成傳：「庶成幼好學，善遼、漢文字，於詩尤工，重熙初，補牌印郎君。」卷二四道宗紀：「大康十年三月，命牌印郎君耶律固傳導燕國王延禧。」固後官總知翰林院事。卷八九耶律蒲魯傳：「蒲魯爲牌印郎君。應詔賦詩，立成以進。會從獵，三矢中三兔，帝奇之，轉通進。」全遼文卷九蕭義墓誌銘：「男冲之，拜左奉宸，繇牌印班入仕。」

〔二〕本史卷八六蕭和尚傳：「開泰初，補御盞郎君。」耶律陳家奴亦曾任此職，見注〔一〕。

〔三〕見注〔一〕。

〔四〕本史卷九六耶律良傳：「爲敦睦宮使、兼權知皇太后宮諸局事。」

著帳户司。本諸斡魯朵户析出，及諸色人犯罪没入。凡御帳、皇太后、皇太妃、皇后、皇太子、近位、親王祗從、伶官，皆充其役。

著帳節度使。

著帳殿中。〔一〕

承應小底局。〔二〕

筆硯小底。

寢殿小底。

佛殿小底。

司藏小底。

習馬小底。

鷹坊小底。

湯藥小底。

尚飲小底。

盥漱小底。

尚膳小底。

尚衣小底。

裁造小底。

〔一〕羅校：「國語解：『著帳户官有著帳郎君。』『殿中』義不可解，疑是郎君之誤。」

〔二〕本史卷二八天祚紀天慶五年九月，耶律章奴反，上遣行宫小底乙信持書馳報魏國王。上文近侍局有近侍小底。武溪集卷一八契丹官儀云：「十宫院人呼小底，如官奴婢之屬也。」檢本局所列十二種，或則獨擅一技，或則事有專司，皆是侍者，别隸專設之局。

北面皇族帳官

肅祖長子洽昚之族在五院司，叔子葛剌、季子洽禮及懿祖仲子帖剌、季子褭古直之族皆在六院司。此五房者，謂之二院皇族。玄祖伯子麻魯無後，次子巖木之後曰孟父房，叔子釋魯曰仲父房，季子爲德祖，德祖之元子是爲太祖天皇帝，謂之橫帳。次曰剌葛，曰迭剌，曰寅底石，曰安端，曰蘇，皆曰季父房。此一帳三房，謂之四帳皇族。二院治之以北、南二王，四帳治之以大內惕隱，皆統於大惕隱司。

大內惕隱司。〔一〕掌皇族四帳之政教。

大內惕隱。

知大內惕隱事。

大內惕隱都監。

大橫帳常袞司。掌太祖皇帝後九帳皇族之事。

橫帳常袞。亦曰橫帳敞穩。

橫帳太師。

橫帳太保。

橫帳司空。

橫帳郎君。

橫帳知事。

孟父族帳常衮司。掌蜀國王巖木房族之事。

仲父族帳常衮司。掌隋國王釋魯房族之事。

季父族帳常衮司。掌德祖皇帝三房族之事。〔二〕

四帳都詳穩司。掌四帳軍馬之事。

都詳穩。

都監。

將軍。本名敞史。

小將軍。〔三〕

橫帳詳穩司。

孟父帳詳穩司。

仲父帳詳穩司。

季父帳詳穩司。

〔一〕按上文有大惕隱司，皇太子惕隱司與此大内惕隱司凡三目。檢本史卷一太祖紀神册三年正月，安端爲大内惕隱。卷六四皇子表作惕隱。卷四太宗紀會同九年十一月稱耶律朔骨里（即耶律朔古）爲大内惕隱，會同四年十二月作惕隱。朔古卷七六本傳亦稱：「會同間，爲惕隱。」卷一〇聖宗紀統和二年十二月耶律瑤昇爲大内惕隱，卷一一聖宗紀統和四年四月作惕隱瑤昇。紀、傳中無官皇太子惕隱之人，惟卷四太宗紀會同二年二月，「宴諸王及節度使來賀受册禮者，仍命皇太子、惕隱迪輦餞之」。曾官惕隱之迪輦有二人：一耶律注；一耶律屋質。兩人在卷七七並有傳。均僅稱惕隱，無皇太子惕隱之稱。皇太子惕隱即因此皇太子與惕隱連文而誤。大内惕隱司即大惕隱司重出。

〔二〕以上四常衮司皆因大内惕隱司而衍出。武溪集卷一八契丹官儀：「惕隱司掌宗室，國舅司掌蕭氏，常衮司掌庶姓耶律氏。其宗室爲横帳，庶姓爲摇輦。」本史卷一一六國語解：「常衮，官名。掌遥輦部族户籍等事；奚六部常衮掌奚之族屬。」皇族四帳無常衮。

〔三〕本史卷九一耶律唐古傳：「唐古，于越屋質之庶子，廉謹，善屬文。統和二十四年，述屋質安民治盗之法以進，補小將軍，遷西南面巡檢。」

舍利司。掌皇族之軍政。

舍利詳穩。

舍利都監。

舍利將軍。

舍利小將軍。

舍利。

梅里。

親王國。官制未詳。〔一〕

王府近侍。

王府祗候。

大東丹國中臺省。太祖天顯元年置，乾亨四年聖宗省。〔二〕

左大相。

右大相。

左次相。

右次相。

王子院。掌王子各帳之事。

王子太師。

王子太保。

王子司徒。

王子司空。

〔補〕王子班詳穩。〔三〕

王子班郎君。〔四〕

駙馬都尉府。掌公主帳宅之事。

駙馬都尉。

〔一〕王府郎中，見全遼文卷四張正嵩墓誌銘；王府文學，見全遼文卷七張思忠墓誌銘。

〔二〕渤海原有政堂省、宣詔省、中臺省，見新唐書卷一四四渤海傳。本史卷二太祖紀天顯元年二月，渤海平，改渤海國爲東丹，册皇太子倍爲人皇王以主之。立左、右、大、次四相。卷三太宗紀天顯六年四月，置中臺省於南京（遼陽）。此目列入皇族帳，即以太子倍之故。

乾亨四年省。四年，原誤「元年」。按本史卷一〇聖宗紀乾亨四年九月，聖宗即位。十二月，省置中臺省官。據改。

〔三〕此目五字原缺。耶律宗允墓誌銘（見全遼文卷八）：「旋遣王子班祥穩、乾德軍節度使、檢校太尉耶律宗胤監護靈櫬。」據補。

〔四〕本史卷一六聖宗紀：「太平元年三月，大食國王復遣使（爲其子册割）請婚，封王子班郎君胡思里女可老爲公主，嫁之。」（卷七〇屬國表同）舊五代史卷一三七契丹傳：「時劉守光戍平州，契丹舍利王子率萬騎攻之。」舍利王子即舍利郎君。

北面諸帳官

遼太祖有帝王之度者三：代遥輦氏，尊九帳於御營之上，一也；滅渤海國，存其族帳，亞於遥輦，二也；併奚王之衆，撫其帳部，擬於國族，三也。有英雄之智者三：任國舅以耦皇族，崇乙室以抗奚王，列二院以制遥輦是已。觀北面諸帳官，可以見之矣。

遥輦九帳大常衮司。掌遥輦洼可汗、阻午可汗、胡剌可汗、蘇可汗、鮮質可汗、昭古可汗、〔一〕耶瀾可汗、巴剌可汗、痕德菫可汗九世宮分之事。太祖受位于遥輦，以九帳居皇族一帳之上，設常袞司以奉之，有司不與焉。凡遼十二宮、五京，皆太祖以來征討所得，非受之於遥輦也。其待先世之厚，蔑以加矣。遼俗東嚮而尚左，御帳東嚮，遥輦九帳南嚮，皇族三父帳北嚮。東西爲經，南北爲緯，故謂御營爲横帳〔二〕云。

大常袞。亦曰敞穩。〔三〕

遥輦太師。

遥輦太保。

遥輦太尉。

遥輦司徒。

遥輦司空。

遥輦侍中。一作世燭。〔四〕太宗會同元年置。

敞史。

知事。

遥輦帳節度使司。

節度使。

節度副使。

遥輦糺詳穩司。

遥輦糺詳穩。

遥輦糺都監。

遥輦糺將軍。

遥輦糺小將軍。

遥輦剋。官名未詳。〔五〕

〔一〕本史卷七九耶律阿没里傳作嘲古可汗。

〔二〕見本書卷一一六國語解景宗聖宗紀注〔一〕。

〔三〕本史卷七三耶律海里傳:「海里,遥輦昭古可汗之裔。太祖傳位,海里與有力焉。既清内亂,始置遥輦敞穩,命海里領之。天顯初,征渤海,海里將遥輦糺,破忽汗城。」

〔四〕錢氏考異卷八三:「世燭,與侍中聲相近,蓋取漢人侍中之名,譯音轉譌爾。此如常衮,一作敞穩,又作詳穩,其實乃襲用漢人相公之稱,因音譌而異其文也。」

〔五〕本史卷一一六國語解:「遥輦帳下掌兵官。」

大國舅司。掌國舅乙室已、拔里二帳之事。太宗天顯十年，合皇太后二帳爲國舅司；聖宗開泰三年，又併乙室已、拔里二司爲一帳。

乙室已國舅大翁帳常衮。一作敞穩。

乙室已國舅小翁帳常衮。

拔里國舅大父帳常衮。

拔里國舅少父帳常衮。

國舅太師。

國舅太保。

國舅太尉。

國舅司徒。

國舅司空。

〔補〕判官。〔一〕

敞史。太宗會同元年，改郎君爲敞史。

知事。〔二〕

國舅乙室已大翁帳詳穩司。

國舅詳穩。

國舅都監。

國舅本族將軍。

國舅本族小將軍。興宗重熙五年，樞密院奏，國舅乙室已小翁帳敞史，〔三〕准大横帳渞

國舅二父帳，改爲將軍。

國舅乙室已小翁帳詳穩司。

國舅拔里大父帳詳穩司。

國舅拔里少父帳詳穩司。

國舅夷離畢司。

國舅夷離畢。〔四〕

國舅左夷離畢。

國舅右夷離畢。

敞史。

國舅帳剋。

國舅別部。世宗置。

官制未詳。

國舅別部敞史。聖宗太平八年，見國舅別部敞史蕭塔葛。〔五〕

〔一〕判官一目原缺。大康元年蕭德温墓誌銘撰人（參見全遼文作者索隱及事蹟考張臣言條）「國舅判官、守太子中允張臣言」。據補。

〔二〕原在「敞史」一行之末連文，依遥輦大常衮司之例，改另行。契丹國志卷二三：「其下佐吏，則有敞史、木古、思奴古、都奴古、徒奴古。」

〔三〕本史卷一八興宗紀重熙五年正月作乙室小功帳。

〔四〕夷離畢除早期爲一般執政官而外，有司刑獄，押行宫輜重及司禮儀者，此國舅夷離畢，未詳職掌，應司一般職事者。卷一五聖宗紀：「開泰三年六月，合拔里、乙室二國舅爲一帳，以乙室夷離畢蕭敵烈爲詳穩以總之。」蕭敵烈似原管乙室者，至此受命爲國舅夷離畢。

〔五〕「舅別部」三字原脱，據上文補。又按本史卷六七外戚表序：「世宗以舅氏塔列葛爲國舅別部。」卷九〇蕭塔刺葛傳：「世宗即位，以舅氏故，補國舅別部敞史。」此言「聖宗太平八年」，相距八十餘年，未合。或爲另一人。

渤海帳司。官制未詳。

渤海宰相。

渤海太保。

渤海撻馬。

渤海近侍詳穩司。〔一〕

奚王府。

乙室王府。　並見部族官。

〔一〕本史卷二二道宗紀清寧九年七月，「涅魯古躍馬突出，將戰，爲近侍詳穩渤海阿厮、護衛蘇射殺之。」卷九六耶律阿思傳：「耶律阿思，清寧初，補祇候郎君。以善射，掌獵事，進渤海近侍詳穩。」

北面宮官

遼建諸宮、斡魯朶，部族、蕃户，統以北面宮官。具如左。

諸行宮都部署院。總契丹漢人諸行宮之事。

諸行宮都部署。〔一〕

知行宮諸部署司事。

諸行宮副部署。

諸行宮判官。

契丹行宮都部署司。總行在行軍諸斡魯朵之政令。

契丹行宮都部署。

知契丹行宮都部署事。

契丹行宮副部署。

契丹行宮判官。

〔補〕行宮市場巡檢使。〔二〕

行宮諸部署司。掌行在諸宮之政令。

行宫都部署。〔三〕

行宫副部署。

行宫部署判官。

〔一〕北方文物一九八六年第二期梁援墓誌銘：「壽昌三年，再授諸行宫都部署。」壽昌五年玉石觀音像石刻梁援署銜亦作諸行宫都部署。（見全遼文作者索引及事蹟考。）按本史卷二六道宗紀：「壽隆三年九月，以梁援爲漢人行宫都部署。五年十二月，以參知政事趙孝嚴爲漢人行宫都部署。漢人行宫都部署梁援爲遼興軍節度使。六年五月，漢人行宫都部署趙孝嚴薨。以南院宣徽使蕭常哥爲漢人行宫都部署。」卷八二蕭常哥傳：「尋改漢人行宫都部署，乾統初，爲國舅詳穩。」墓誌銘（見全遼文卷九蕭義墓誌銘，義即常哥之漢名。）則稱：「自諸行宫都部署授國舅詳穩。」是諸行宫都部署即漢人行宫都部署，屬南面宫官。非另一官衙。統和二十六年王説墓誌銘（見全遼文卷五）：「權宣徽及五宫院事，燕京管内商税都點檢。」聖宗時五宫院即全部宫院。

〔二〕此目七字原缺。王悦墓誌銘（見全遼文卷五）有行宫市場巡檢使，暫附於此。

〔三〕此項三目，疑是前項之重複。本史卷一八興宗紀重熙六年五月，以侍中管寧爲行宫都部署；十一月，以契丹行宮都部署蕭惠爲南院樞密使。述案管寧又作貫寧，即蕭惠，此行宮都部署應即契丹行宮都部署之簡稱。

十二宮職名總目：

某宮。

某宮使。〔一〕

某宮副使。〔二〕

某宮太師。〔三〕

某宮太保。〔四〕

某宮侍中。太宗會同元年置，亦曰世燭。

某宮都部署司。掌本宮契丹軍民之事。

某宮都部署。

某宮副部署。〔五〕

某宮判官。

某宮提轄司。官制未詳。〔六〕

〔補〕某宮都提轄使。〔七〕

〔補〕某宮提轄使。〔八〕

〔補〕知某宮提轄。〔九〕

〔補〕某宮制置司。

〔補〕某宮制置使。〔一〇〕

某宮馬羣司。

侍中。

敞史。

某石烈。石烈，縣也。〔一一〕

夷離堇。本名彌里馬特本，改辛袞，會同元年升。〔一二〕

麻普。本名達剌干，會同元年改。

牙書。〔一三〕會同元年置。

某瓦里。内族、外戚、世官犯罪，没入瓦里。

抹鶻。

某抹里。

閘撒狘。〔一四〕

某得里。官名未詳。

〔一〕本史卷一八興宗紀重熙六年六月，以「護衛太保耶律合住兼長寧宮使，蕭阿剌里、耶律烏魯斡、耶律和尚、蕭韓家奴、蕭特里、蕭求翰爲各宮都部署。」此時只有七宮，則每宮各置都部署，即宮使。蕭阿剌里，卷九〇本傳作蕭阿剌，重熙六年爲弘義宮使。卷八九耶律和尚傳：「歷積慶、永興宮使。」

〔二〕全遼文卷一〇耶律弘益妻蕭氏墓誌銘文前有「前六殿祥穩太和宮副使耶律弘義」。卷一三趙匡禹墓誌銘：「初仕授西宮使。」某宮使、副使，應即某宮都部署、副部署，同職異稱。

〔三〕耶律速撒，應曆年爲敦睦宮太師，見本史卷九四本傳。蕭胡篤，大安元年爲彰愍宮太師，壽隆二年，轉永興宮太師，見卷一〇一本傳。

〔一〕本史卷九八蕭兀納傳：「蕭兀納，一名撻不也。天慶六年，耶律章奴叛。以功授副元帥，尋爲契丹都宮使。」按卷二八天祚紀：兀納爲契丹行宮都部署兼副元帥。以是知都宮使即契丹行宮都部署。武溪集卷一八契丹官儀：「十宮院使亦從行（捺鉢）。其言十宮院者，自阿保機而下，每主嗣位，即立宮置使，領臣寮每歲所獻生口及打虜外國所得之物，盡隸宮使。每宮皆有户口錢帛，以供虜主私費，猶中國之内藏也。十宮使在上將軍之下，節度使之上。」

〔四〕本史卷八一陳昭袞傳：「累遷敦睦宮太保。」

〔五〕積慶宮都部署，崇德宮副部署，並見全遼文卷一二佐移離畢蕭相公墓誌銘。參注〔一〕。

〔六〕本史卷一一六國語解：「提轄司，諸宮典兵官。」卷三五兵衛志中：「有兵事，則五京、二州各提轄司傳檄而集。」卷一三聖宗紀統和八年七月，「詔東京路諸宮分提轄司，分置定霸、保和、宣化三縣」。全遼文卷六宋匡世墓誌：「户民既益於賦租，錢穀復資於主轄。改授晉國公主中京提轄使。」晉國公主即聖宗第三女槊古。

〔七〕此目六字原缺。

民國密雲縣志卷二之五：縣境提轄莊出土遼劉存規墓誌，劉存規曾任積慶宮都提轄使。據補。

〔八〕此目五字原缺。

全遼文卷九馬直温妻張館墓誌銘有諸宮提轄制置使李貽訓。據補。

〔九〕此目五字原缺。

全遼文卷七王澤妻李氏墓誌銘：「長（子）曰紀，前知延慶宮提轄。」據補。

〔一〇〕制置司、制置使兩目原缺。

諸宮制置使李輌，見全遼文卷六張儉墓誌銘。全遼文作者索引及事蹟考邢希古條有諸宮制置使邢希古。武溪集卷一八契丹官儀：「十宮院制置司（原注：奉聖州、平州亦各有十宮院司。檀州又有章愍宮，行唐縣屬焉）、契丹司、録事司（原注：如中國之府司）左右司候司（原注：掌刑獄）。」全遼文卷八韓資道墓誌銘：「父造，諸宮制置使、檢校太尉。」據補。

〔一一〕農區有州、縣，牧區有石烈、彌里。此石烈，縣也。猶言石烈相當於州縣制之縣級，彌里相當於州縣制之鄉級。

〔一二〕「會同元年升」五字衍。大部夷離堇，會同元年升大王。石烈夷離堇因同稱夷離堇而誤。本名馬特本，似馬特本爲契丹語，而夷離堇爲借用語。大部族夷離堇改大王，小部族夷離堇改令穩。均謂部族夷離堇，非指石烈夷離堇。

〔一三〕按本史卷四太宗紀會同元年十一月，麻普作馬步，牙書作牙署。下卷百官志二部族職名總目云：「麻普，亦曰馬步。」

〔一四〕按本史卷三一營衛志，宮衛諸宮，凡閘撒十九，計永興宮七，崇德宮五，興聖宮五，敦睦宮二。閘撒與抹里、得里並屬宮分中基層單位，閘撒狘爲閘撒之長。此以閘撒狘屬抹里，未合。卷七穆宗紀應曆十四年十月，「以掌鹿矧思代斡里爲閘撒狘，賜金帶、金盞，銀二百兩。所隸死罪以下得專之」。所隸云者，當謂閘撒之長。

太祖弘義宮。

太宗永興宮。

世宗積慶宮。

應天皇太后長寧宮。

穆宗延昌宮。

景宗彰愍宮。

承天皇太后崇德宮。

聖宗興聖宮。

興宗延慶宮。

道宗太和宮。

天祚永昌宮。

孝文皇太弟敦睦宮。

文忠王府。

已上十二宮一府，部署、提轄、石烈、瓦里、抹里、得里等，並見營衛志。

押行宮輜重夷離畢司。掌諸宮巡幸扈從輜重之事。

夷離畢。〔一〕

敞史。

〔一〕此與掌刑獄之夷離畢，官名相同，職掌不同，另外仍有司禮儀之夷離畢。見本史卷四九禮志一祭山儀、歲除儀。皆沿執政官之緒者。

隨駕官。〔一〕

隨駕馬軍虞候。〔二〕

隨駕馬步軍都孔目官。〔三〕

隨駕儀鸞副使。〔四〕

知隨駕太常禮院。〔五〕

隨駕錦透背皮毛庫副使。〔六〕

〔一〕此目原缺，據全遼文補。

〔二〕全遼文卷九王敦裕墓誌銘：「宜州禮賓使隨駕馬軍虞候鮮于白。」

〔三〕全遼文卷一三張寧石幢記：「前隨駕馬步軍都孔目官張寧。」

〔四〕全遼文卷一三趙匡禹墓誌銘：「次（子）曰爲帶，隨駕儀鸞副使。」

〔五〕全遼文卷九馬直温妻張館墓誌銘：「知隨駕太常禮院韓君詳。」

〔六〕全遼文卷一一奉爲先内翰侍郎太夫人特建尊勝陁羅尼幢記（天慶元年）：「次男洛苑副使、前隨駕錦透背皮毛庫副使内温。」

陵寢官。〔一〕

某殿詳穩。〔二〕

某殿左相。〔三〕

某殿右相。

學士。

祇候。〔四〕

〔一〕此目原缺。

新五代史卷七二契丹附録云：「其母述律遣人賫書及阿保機明殿書賜德光，明殿，若中國陵寢下宫之制。其國君死，葬，則於其墓側起屋，謂之明殿。置官屬職司，歲時奉表起居如事生。置明殿學士一人，掌答書詔。每國有大慶弔，學士以先君之命，爲書以賜國君，其書常曰：『報兒皇帝』云。」本史卷一〇聖宗紀統和元年四月：「辛丑，謁三陵，以東京所進物分賜陵寢官吏。」統和元年十二月：「遣使分祭諸陵，賜守殿官屬酒。」據此補陵寢官。明殿爲太祖陵寢之名，內奉太祖御容。非列帝陵寢皆稱明殿。穆宗懷陵名鳳凰殿，景宗乾陵名玉殿，聖宗慶陵名金殿。

〔二〕本史卷七四韓匡嗣傳：「應曆十年，爲太祖廟詳穩。」全遼文卷一〇耶律弘益妻蕭氏墓誌銘稱耶律弘益爲六殿祥穩。

〔三〕全遼文卷五王悦墓誌銘有明殿左相，因左相可知有右相。

〔四〕全遼文卷一一史洵直墓誌銘有御容殿祇候。

遼史補注卷四十六

志第十六

百官志二

北面部族官

部族，詳見營衛志。設官之制具如左。

部族職名總目：

大部族。

某部大王。本名夷離堇。〔一〕

某部左宰相。

某部右宰相。

某部太師。〔二〕

某部太保。

某部太尉。

某部司徒。本名惕隱。〔三〕

某部節度使司。

某部節度使。

某部節度副使。

某部節度判官。

某部族詳穩司。

某部族詳穩。〔四〕

某部族都監。〔五〕

某部族將軍。

某部族小將軍。

某石烈。

某石烈夷離堇。〔六〕

某石烈麻普。亦曰馬步，本名石烈達剌干。〔七〕

某石烈牙書。

某彌里。彌里，鄉也。

辛袞。本曰馬特本。

〔一〕此據本史卷四太宗紀會同元年，「升北、南二院及乙室夷離堇爲王」。卷六一刑法志：阻午可汗命雅里爲夷離堇，以掌刑辟。卷二太祖紀贊云：「玄祖生撒剌的，是爲德祖，即太祖之父也。世爲契丹遥輦氏之夷離堇，執其政柄。」卷五九食貨志：「皇祖匀德實爲大迭烈府夷離堇，喜稼穡，善畜牧，相地利以教民耕。」卷六〇食貨志：「先代撒剌的爲夷離堇，以土産多銅，始造錢幣。」卷一太祖紀：「痕德堇可汗立，以太祖爲本部夷離堇，專征討。」是夷離堇爲初期設置之官職，分擔首領之若干任務。

夷離堇亦用於屬國，本史卷四太宗紀會同四年五月，「吐谷渾夷離堇蘇等叛入晉」。九年七月，「以阻卜酋長曷剌爲本部夷離堇」。又卷七穆宗紀應曆十八年九月，「以女直詳穩憂陌爲本部夷離堇」。卷九景宗紀保寧九年五月，「女直二十一人來請宰相、夷離堇之職，以次授之」。屬國夷離堇不僅由朝廷任命，又可向朝廷申請任命之。此與下文屬國官之大王相當。

〔二〕金史卷一世紀：「五國蒲聶部節度使拔乙門畔遼，鷹路不通，遼人將討之。景祖襲而擒之，獻於遼主。遼主召見於寢殿，燕賜加等，以爲生女直部族節度使。遼人呼節度使爲太師，金人稱『都太師』者自此始。」

高麗史卷六：靖宗二年四月「乙丑，東北女真首領太史（即太師）阿道閒等五十九人來朝。有司言：太史，契丹職名也」。

奚王府東太師，見全遼文卷九蕭孝忠墓誌。

〔三〕本史卷四太宗紀會同元年十一月，以二部梯里已爲司徒。

〔四〕元朝秘史卷一李文田注：「想昆即遼史之詳穩，語解作詳衮，謂辦事官，後文王罕之子亦號桑昆，則想昆，桑昆皆同音也。」王國維聖武親征録校注：「想昆者，詳穩之異譯。」下文有辛衮，疑亦詳穩之同語。

〔五〕本史卷九一耶律僕里篤傳：「重熙十九年，時近邊羣牧數被寇掠，遷倒塌嶺都監以治人，桴鼓不鳴。子阿固質，終倒塌嶺都監。」

〔六〕按本史卷三三營衛志品部：「太祖更諸部夷離堇爲令穩。統和中，又改節度使。」五院、六院、乙室三部，會同元年改夷離堇爲大王。一降一升，非此石烈夷離堇。

金史卷五七百官志三：「諸移里堇司，移里堇一員，從八品，分掌部族村寨事。」相當於此石烈夷離堇。

〔七〕麻普、麻都、麻都不，均一名譯歧。爲副佐之職。達剌干爲頭目官。

小部族。

〔補〕某部族令穩。本名夷離堇。太祖時更名，統和中改節度使。〔一〕

某部族司徒府。

某部族司徒。

某部族司空。

某部族節度使司。〔二〕

某部族詳穩司。

某石烈。

令穩。〔三〕

麻普。

牙書。

某彌里。

辛袞。

〔一〕本條凡二十二字，據上文大部族及注〔六〕補。

本史卷一三聖宗紀統和十四年四月,「改諸部令穩爲節度使」。令穩只存在過一段時間。令穩在小部族中,其地位職能,與夷離堇在大部族中同。卷七八蕭海瓈傳云:「其先遥輦氏時爲本部夷離堇;父塔列,天顯間爲本部令穩。」

〔二〕此節度使司與上文大部族節度使司分别爲令穩與夷離堇相當之條目,屬前後時期,非同時並存,其設官應畧同。

〔三〕小部族石烈,非必稱令穩。

五院部。有知五院事,在朝〔一〕曰北大王院。

六院部。有知六院事,在朝曰南大王院。

乙室部。在朝曰乙室王府。有乙室府迪骨里節度使司。

奚六部。在朝曰奚王府。有二常衮,有二宰相,〔二〕又有吐里太尉,〔三〕有奚六部漢軍詳穩,有奚拽剌詳穩,有先離撻覽官。〔四〕

已上四大王府,爲大部族。

品部。

楮特部。

烏隗部。

突呂不部。

突舉部。

涅剌部。

〔一〕在朝謂隨行冬夏捺鉢議政言。部落亦自有兩地轉徙之牧場。

〔二〕本史卷八五奚和朔奴傳：「（統和）八年上表曰：『臣竊見太宗之時，奚六部二宰相、二常袞，誥命大常袞班在酋長左右，副常袞總知酋長五房族屬，二宰相匡輔酋長，建明善事。今宰相職如故，二常袞别無所掌，乞依舊制。』從之。」

大安五年蕭孝忠墓誌（見全遼文卷九）：「錦州界内胡僧山西廿里北撒里比部落，奚王府東太師所管。」

〔三〕吐里亦作禿里，太宗時，蕭思温爲奚禿里太尉。開泰間，蕭拔剌遷奚六部禿里太尉。重熙初，耶律韓留爲奚六部禿里太尉。耶律特麼，重熙間遷六部禿里太尉。耶律何魯掃古，大康中歷奚六部禿里太尉。天慶間，耶律阿息保爲奚六部禿里太尉。各見本傳。此官僅見於奚部。

金史卷五五百官志序：「鎮撫邊民之官曰禿里，烏魯骨之下有掃穩脱朵，詳穩之下有麽忽、習尼昆，此則具於官制而不廢，皆踵遼官名也。」金史卷一世紀云：「遼命穆宗爲詳穩。」金史卷五七百官志：「諸禿里：禿里一員，從七品，掌部落詞訟、訪察違背等事。女直司吏一人，通事一人。」此官主持法紀，鎮撫邊民。金時從七品。在夷離堇（從八品）之上，再上有糺詳穩（從五品）、部族節度使（從三品），既言「踵遼官名」沿用其制，推知遼時應畧同也。

〔四〕索隱卷六：「先離即石烈也，撻覽即達剌干也。」全遼文卷七重熙四年張哥墓誌：「南贍部州大契丹國奚王府楏欖母呵，長管具劣男太保張哥墓至（誌）一碣。」撻覽即達剌干，又作楏欖，達林。

遥里部。

伯德部。

墮瑰部。

楚里部。

奥里部。

南剋部。

北剋部。〔一〕

突吕不室韋部。

涅剌拏古部。
迭剌迭達部。
乙室奧隗部。
楮特奧隗部。
品達魯虢部。
烏古涅剌部。
圖魯部。
撒里葛部。
窈爪部。
耨盌爪部。
訛僕括部。
特里特勉部。
稍瓦部。
曷朮部。
隗衍突厥部。

奥衍突厥部。

涅剌越兀部。

奥衍女直部。

乙典女直部。

斡突盌烏古部。

迭魯敵烈部。

大黄室韋部。

小黄室韋部。〔二〕二黄室韋闥林，改爲僕射。

朮哲達魯號部。

梅古悉部。

頡的部。

匿訖唐古部。

北唐古部。

南唐古部。

鶴剌唐古部。〔三〕

河西部。

北敵烈部。

薛特部。

伯斯鼻骨部。

達馬鼻骨部。〔四〕

五國部。

已上四十九節度，〔五〕爲小部族。

〔一〕本史卷三三營衞志下：「奚王府六部五帳分。初爲五部：曰遥里，曰伯德，曰奥里，曰梅只，曰楚里。太祖盡降之，號五部奚。天贊二年，置墮瑰部，遂號六部奚。聖宗合奥里、梅只、墮瑰三部爲一，特置二尅部以足六部之數。」

〔二〕按本史卷三三營衞志下：「突吕不室韋部。本名大、小二黄皮室韋户。太祖爲撻馬狘沙里，以計降之，乃置爲二部。」即突吕不室韋、涅剌拏古二部。檢該二部已見上文，此是重出。

〔三〕鶻剌即哈剌，此言黑也，遠也。

〔四〕伯斯鼻骨部、達馬鼻骨部，按本史卷三三營衞志下作伯斯鼻骨德部，達馬鼻骨德部。

〔五〕按自品部至五國部共五十部。突呂不室韋部、涅剌拏古部與大、小二黃室韋部爲前後異名，實四十八部。檢本史卷三三營衛志下：「奧里部。統和十二年，以與梅只、墮瑰三部民籍數寡，合爲一部。」以上所列有墮瑰無梅只。按在合并之後應除墮瑰，爲四十七部；未合之前，則應加梅只爲四十九部。

北面坊場局治牧厩等官

遼始祖涅里究心農工之事，太祖尤拳拳焉，畜牧畋漁固俗尚也。〔一〕坊場牧厩，設官如左。

諸坊職名總目：

某坊使。

某坊副使。

某坊詳穩司。

某坊詳穩。

某坊都監。〔二〕

鷹坊。〔二〕

鐵坊。

五坊。未詳。〔三〕

八坊。內有軍器坊，〔四〕餘未詳。

已上坊官。

〔一〕董匡信嘗監上谷作坊，見全遼文卷八董匡信及妻王氏墓誌銘。

〔二〕本史卷六八遊幸表：重熙十九年有鷹坊使頗得。卷二三道宗紀：大康元年二月有鷹坊使耶律楊六。鷹坊使或即五坊使。卷二七天祚紀：天慶四年七月有障鷹官。卷五一禮志軍儀有司獵官。上文北面著帳官有鷹坊小底。唐時鷹坊爲五坊之一。遼重飛放，五坊即鷹坊。元史卷一〇一兵志：「元制自御位及諸王，皆有『昔寶赤』，蓋鷹人也。」楊瑀山居新語卷二：「皇朝昔寶赤（原注：即養鷹人也）。」陶宗儀輟耕錄卷一：「昔寶赤，鷹坊之執役者。」

〔三〕新唐書卷四七百官志：五坊：「一曰鵰坊，二曰鶻坊，三曰鷂坊，四曰鷹坊，五曰狗坊。」隸殿中省。本史卷二太祖紀天贊四年十一月，卷六穆宗紀應曆十三年八月，卷一八興宗紀景福元年十一月，並有「縱五坊鷹鶻」。又卷一八興宗紀重熙七年二月，「幸五坊閱鷹鶻」。卷三二營衞志中：「五坊擎進海東青鶻，拜授皇帝放之。」遼時以五坊爲掌管鷹鶻之司。卷七穆宗紀應曆十八年二月,「幸五坊使霞實里家,宴飲達旦」。元袁桷清容居士集卷一六天鵝曲:「……五坊手擎海東青,側眼光透瑶臺層……」此沿遼制,亦以五坊即掌鷹者。

〔四〕唐有武器署,令一人,丞二人,隸衛尉寺。本史卷三八地理志二:「東京河州德化軍,置軍器坊。」卷一一聖宗紀統和四年三月,「詔林牙勤德,鎧甲闕,則取於顯州之甲坊。」王説曾任軍器庫使,見全遼文卷五王説墓誌銘。全遼文卷八韓資道墓誌銘:「授供軍副使,至於督工役,造戎器,周旋二稔,其功著矣。」供軍副使,爲司督造軍器之官。陸游南唐書卷一八:「昇元二年(天顯十三年),東丹(王)使兵器司少令高徒煥奉書致貢。」宣府鎮志卷二三兵器考:「契丹設軍器坊,置令丞。(原注:保寧二年設後,開泰中,改坊曰監。)」長編:開寶八年(保寧七年)八月,有「弓箭庫使堯盧骨來聘」。

圍場。

圍場都太師。〔一〕

圍場都管。〔二〕

圍場使。〔三〕

圍場副使。

已上場官。

〔一〕本史卷八一陳昭衮傳：「統和中，累遷敦睦宮太保，兼掌圍場事。開泰五年秋，遷圍場都太師，賜國姓。」
〔二〕本史卷二六道宗紀：壽隆元年六月，有圍場都管撒八以討阻卜功，加官。
〔三〕本史卷二八天祚紀：天慶五年八月，「以圍場使阿不爲中軍都統」。清初達斡爾人内遷嫩江時，分三達林、五阿巴。阿巴即圍場。阿不即阿巴歧譯。

局官職名總目：

某局使。

某局副使。

客省局。

器物局。〔一〕

太醫局。〔二〕

醫獸局。有四局都林牙。〔三〕

已上局官。

五冶。未詳。〔四〕

太師。

已上冶官。

〔一〕全遼文卷七張思忠墓誌銘：「改授濟州刺史，知上京南中作使。長男可舉，上京省倉兼車子院都監。」卷九有大康六年東作使造象記。卷九王翦妻高氏墓誌：「翁曾任中作副使。」

〔二〕全遼文卷九蕭義墓誌銘：「天慶元年，致仕。仍詔醫署假一人從行。遽嬰疾恙，别敕太醫，頒之御藥。」醫署指衙司，太醫謂官職。此與南面翰林醫官院分工不明。

〔三〕本史卷八六蕭和尚傳：「開泰初，補御盞郎君，尋爲内史、太醫等局都林牙。」按太醫等局之文，似四局設一都林牙；依各局業務性質，則非一人所能兼領。

〔四〕按本史卷六〇食貨志下：「太宗置五冶太師，以總四方錢鐵。」則五冶掌錢鐵之事。全遼文卷四李内貞墓誌：「授都峯銀冶都監。次子琰，前大石銀冶都監。」卷一一丁文逌墓誌銘：「爲景州龍池冶監，其冶鐵貨，歲出數不供課，比來爲殿罰者，殆且十數人。公洎至，督役勉工，親時鑄鍊，所收倍於常績。」

羣牧職名總目：

某路羣牧使司。〔一〕
某羣太保。〔二〕
某羣侍中。〔三〕
某羣敞史。
總典羣牧使司。
總典羣牧部籍使。〔四〕
羣牧都林牙。〔五〕
某羣牧司。
羣牧使。
羣牧副使。
西路羣牧使司。
倒塌嶺西路羣牧使司。〔六〕
渾河北馬羣司。
漠南馬羣司。〔七〕
漠北滑水馬羣司。

牛羣司。

已上羣牧官。

尚厩。

尚厩使。

尚厩副使。

飛龍院。

飛龍使。

飛龍副使。

總領内外厩馬司。

總領内外厩馬。

已上諸厩官。

監鳥獸詳穩司職名總目：

監某鳥獸詳穩。

監某鳥獸都監。

監某鳥。

監某獸。

已上監養鳥獸官。

監鹿詳穩司。

監雉。

〔一〕金史卷五五百官志序：「其後惟鎮撫邊民之官曰禿里，烏魯骨之下有掃穩脱朵，詳穩之下有麽忽、習尼昆，此則具於官制而不廢，皆踵遼官名也。」卷五七百官志：「諸羣牧所，又國言謂『烏魯古』。提控烏魯古一員，正四品。」烏魯骨爲遼官名，金代沿用未廢。

〔二〕耶律盆奴、蕭陶隗、蕭謀魯斡均曾任馬羣太保，各見本史卷八八、卷九〇本傳及卷九五蕭素颯傳。

〔三〕女里曾爲習馬小底，以後任馬羣侍中，見本史卷七九本傳。

〔四〕本史卷七八蕭護思傳：「世爲北院吏，累遷御史中丞，總典羣牧部籍。」按卷一一六國語解：「林牙，其羣牧所設，止管簿書。」是羣牧部籍屬於都林牙掌管，此總典羣牧部籍使，與下文羣牧都林牙似爲一職。

〔五〕曾任羣牧都林牙者，有蕭思温、耶律敵獵、蕭幹、蕭滴洌等，各見本史卷七八、卷一一三、卷八四、卷九五本傳。

又卷九七耶律引吉傳：引吉曾爲羣牧林牙。

金史卷四四兵志：「金初因遼諸抹而置羣牧，抹之爲言無蚊蚋、美水草之地也。天德間，置迪河斡朵、斡里保（保亦作本）、蒲速斡、燕恩、兀者五羣牧所，皆仍遼舊名，各設官以治之。又於諸色人内，選家富丁多、及品官家子、猛安、謀克、蒲輦軍與司吏家餘丁及奴，使之司牧，謂之羣子，分牧馬、駝、牛、羊，爲之立蕃息衰耗之刑賞。後稍增其數爲九。契丹之亂，遂亡其五。大定二十年三月，更定羣牧官、詳穩脱朵、知把、羣牧人滋息損耗賞罰格。」金史卷五七百官志三諸羣牧所注：「又設掃穩脱朵，分掌諸畜，所謂牛馬羣子也。」

〔六〕本史卷九一耶律僕里篤傳：「重熙十九年，加右武衛上將軍。時近邊羣牧數被寇掠，遷倒塌嶺都監以治之，桴鼓不鳴。」卷二五道宗紀大安十年七月阻卜等寇倒塌嶺，盡掠西路羣牧馬去，東北路統軍使耶律石柳以兵追及，盡獲所掠而還。卷一〇〇耶律棠古傳：「天祚出奔，棠古謁於倒塌嶺。拜烏古部節度使。及至部，敵烈以五千人來攻。」

〔七〕大康九年耶律阿思誣奏賊掠漠南牧馬，蕭陶隗不急追捕。見本史卷九〇蕭陶隗傳。漠南牧馬即謂此馬羣司所管領者。

北面軍官

遼宮帳、部族、京州、屬國，各自爲軍，體統相承，分數秩然。雄長二百餘年，凡以此也。考其可知者如左。

天下兵馬大元帥府。太子，親王總軍政。

天下兵馬大元帥。

副元帥。

大元帥府。大臣總軍馬之政。

大元帥。

副元帥。

都元帥府。大將總軍馬之事。〔一〕

兵馬都元帥。

副元帥。

同知元帥府事。

便宜從事府。亦曰便宜行事。

便宜從事。

大詳穩司。

大詳穩。

都監。

將軍。

小將軍。

軍校。

隊帥。

東都省。分掌軍馬之政。

東都省太師。

西都省。分掌軍馬之政。

西都省太師。

大將軍府。各統所治軍之政令。

大將軍。

上將軍。

將軍。

小將軍。

護軍司。

護軍司徒。

衛軍司。

衛軍司徒。

諸路兵馬統署司。

諸路兵馬都統署。

諸路兵馬副統署。

左皮室詳穩司。

右皮室詳穩司。

北皮室詳穩司。

南皮室詳穩司。太宗選天下精甲三十萬爲皮室軍。初，太祖以行營爲宫，選諸部豪健千餘人，置爲腹心部，耶律老古以功爲右皮室詳穩。則皮室軍自太祖時已有，即腹心部是也。太宗增多至三十萬耳。

黄皮室軍詳穩司。黄皮室，屬國名。〔二〕

屬珊軍詳穩司。應天皇太后置，軍二十萬。選蕃漢精兵，珍美如珊瑚，故名。〔三〕

舍利軍詳穩司。統皇族之從軍者，横帳、三父房屬焉。

北王府舍利軍詳穩司。五院皇族屬焉。

南王府舍利軍詳穩司。六院皇族屬焉。
禁軍都詳穩司。掌禁衞諸軍之事。
各部族舍利司。掌各部族子弟之軍政。
郎君軍詳穩司。掌著帳郎君之軍事。
拽剌軍詳穩司。走卒謂之拽剌。
旗鼓拽剌詳穩司。掌旗鼓之事。〔四〕
千拽剌詳穩司。
猛拽剌詳穩司。
墨離軍詳穩司。〔五〕
礮手軍詳穩司。〔六〕掌飛礮之事。
弩手軍詳穩司。掌强弩之事。
鐵林軍詳穩司。〔七〕
大鷹軍詳穩司。
鷹軍詳穩司。〔八〕
鶻軍詳穩司。大、小鶻軍，即二室韋軍號。

鳳軍詳穩司。〔九〕

龍軍詳穩司。〔一〇〕

飛龍軍詳穩司。〔一一〕

虎軍詳穩司。

熊軍詳穩司。〔一二〕

左鐵鷂子軍詳穩司。

右鐵鷂子軍詳穩司。〔一三〕

龍衛軍詳穩司。

威勝軍詳穩司。〔一四〕

天雲軍詳穩司。〔一五〕

特滿軍詳穩司。〔一六〕

敵烈軍詳穩司。

敵烈皮室詳穩司。

肴里奚軍詳穩司。〔一七〕

涅哥奚軍詳穩司。

渤海軍詳穩司。

女古烈詳穩司。〔一八〕

〔一〕太平七年耿知新墓誌銘（見全遼文卷六）：「帥府將軍，乃季舅也。」此帥府似屬世俗通稱。本史卷一八興宗紀重熙四年十一月，「改南京總管府爲元帥府」。又下文南京都元帥府條有都元帥、大元帥。則都元帥應在大元帥之上。

〔二〕按下文「諸部」名内有黄皮室韋部。此作「黄皮室，屬國名」。本史卷七六耶律漚里思傳：「會同間，總領敵烈皮室軍。」卷二九天祚紀保大二年七月，「敵烈部皮室叛，烏古部節度使討平之」。卷九五耶律陳家奴傳：「重熙中，改徒魯古皮室詳穩。」徒魯古亦作徒覩古，邊徼小國，黄皮室應同敵烈，徒魯古之例，爲邊部應皮室軍役者。但另有詳穩都監，不屬於親衛皮室。或謂黄指中央，黄皮室爲中央皮室。左、右皮室即直隸皇帝者，何得另有中央皮室。親衛腹心部即左、右、北、南皮室，在紀、傳中常見，核其事迹，則凡並稱時，皆作二皮室，不以左、右、北、南連舉。如卷一一聖宗紀統和四年五月，「遣詳穩排亞（押）率弘義宮兵及南、北皮室、郎君、拽剌四軍赴應、朔二州界」。卷一六聖宗紀太平元年十月，以耶律羅漢奴爲左皮室詳穩；嗓姑爲右皮室詳穩。卷二六道宗紀壽隆元年二月，「賜左、右二皮室貧民錢」。卷九三蕭迂魯傳：「拜左皮室詳穩。會宋求天池之地，詔迂魯兼統兩皮室軍屯太牢古山。」長編、宋會要蕃夷二所記李信報告亦只稱

「南、北皮室」。與本史紀、傳實例相合。下文記南京元帥府所隸諸司，亦僅舉南、北皮室詳穩司，不再列左、右。

北皮室即左皮室，南皮室即右皮室。非於北、南皮室之外，别有左、右二皮室。本史卷一五聖宗紀統和二十八年十一月，「（康）肇復出，右皮室詳穩耶律敵魯擒肇及副將李立，追殺數十里」。卷一六聖宗紀開泰七年十二月，「蕭排押等與高麗戰於茶、陀二河，遼軍失利，天雲、右皮室二軍没溺者衆」。八年六月，「以南皮室軍校等討高麗有功，賜金帛有差」。卷八一耶律歐里斯傳：「遷右皮室詳穩，將本部兵，從東平王蕭排押伐高麗，至茶、陀二河，戰不利，歐里斯獨全軍還，帝嘉賞。」參與征討有功者爲右皮室，而受賞爲南皮室。卷八八蕭排押傳：「統和初，爲左皮室詳穩。」卷一一聖宗紀統和四年十一月，「北皮室詳穩排亞獻所獲宋諜二人」。是排押傳之左皮室即紀所稱之北皮室。

本史卷七三耶律老古傳：「以功授右皮室詳穩，典宿衛。」耶律頗德傳：「天顯初，爲左皮室詳穩，典宿衛。」頗得、老古並於太祖時分任左、右皮室詳穩，典宿衛。

〔三〕契丹國志卷二三：「晉末，契丹主投下兵，謂之大帳，有皮室兵約三萬人騎，皆精甲也，爲其爪牙。國母述律氏投下，謂之屬珊，有衆二萬。」（長編、宋會要、宋史宋琪傳所引宋琪上書並同。）本史卷一一六國語解云：「應天皇后從太祖征討，所俘人户有技藝者置之帳下名屬珊，蓋比珊瑚之寶。」屬珊與皮室對稱，一爲精甲爪牙；一爲有技藝者。全遼文卷四李内貞墓誌：「大聖皇帝兵至，迎降，加朝散大夫、檢校工部尚書兼御史中丞、賜紫金魚袋兼屬珊都提舉使。」都提舉使正見其與精甲參戰者不同。

〔四〕宣府鎮志卷二三兵器考：「開泰中，仍置旗鼓拽剌詳穩司，掌旗鼓之事；置礮手軍詳穩司，掌飛礮之事；置弩手軍詳穩司，掌强弩之事。」

〔五〕舊唐書卷三八地理志：「河西節度使統赤水……墨離……等八軍，墨離軍在瓜州西北千里。」是地名，與此異。新元史卷一二三者別傳：「馬口色白，國語名爲察罕忽失文秣驪。」墨離、秣驪同語異譯，漢義馬也。墨離軍即馬軍。

〔六〕礮手軍，手原作「首」。按本史卷一一聖宗紀統和四年六月有礮手，卷二六道宗紀壽隆元年九月有砲人，弩人，下文有「弩子軍」，據改。

〔七〕宣府鎮志卷二三：「開泰中，（仍）置鐵林軍詳穩司，掌甲冑刀劍斧戟之事。」宋會要兵七：「太平興國四年（乾亨元年）六月二十五日，契丹鐵林都指揮使右厢主李札盧存以部下兵百二十五人來降」。宋史卷四作「鐵林厢主李札盧存以所部來降」。本史卷一二聖宗紀統和七年正月，「攻易州，宋兵出遂城來援，遣鐵林軍擊之，擒其指揮使五人」。全遼文卷九蕭孝忠墓誌有鐵林軍厢主。

〔八〕本史卷一太祖紀太祖三年十月，「遣鷹軍討黑車子室韋」。卷二太祖紀天贊元年六月，「遣鷹軍擊西南諸部」。卷八二蕭陽阿傳：「歷鐵林、鐵鷂、大鷹三軍詳穩。」大鷹、鷹軍疑是一軍重出。

長編：熙寧六年（咸雍九年）十一月壬寅，有涿州小鷹軍使固德，則是鷹軍有大小兩軍。

〔九〕李芝撰時豐墓誌：「新城舊爲遼南邊，有鳳軍契丹數千人屯戍。」

〔一〇〕本史卷七七耶律安摶傳：「父迭里，神册六年爲惕隱。從太祖將龍軍討阻卜、党項有功。」

〔一一〕上文諸廐官有飛龍院，設飛龍使、副使。本史卷八景宗紀：應曆十九年二月己巳，「穆宗遇弑，帝率飛龍使女里、侍中蕭思温、南院樞密使高勳率甲騎千人馳赴」。卷七八蕭思温傳，亦記思温與飛龍使女里等立景宗。卷八景宗紀保寧三年三月，「以飛龍使女里爲契丹行宫都部署」。女里似是飛龍院主管。卷一六聖宗紀開泰八年三月，聖宗「閲飛龍院馬」。亦與廐官相合。天祚嘗揀御馬二千匹入飛龍院餵養，以備逃遁。未必另有飛龍軍。

〔一二〕按本史卷一三聖宗紀統和八年七月，「改南京熊軍爲神軍」。此仍用舊名。

〔一三〕本史卷七六高模翰傳：「總左右鐵鷂子軍，下關南城邑數十。」通鑑：後晉開運二年三月，圍晉軍於白團衛村，契丹主「命鐵鷂四面下馬，拔鹿角而入，奮短兵以擊晉軍」。胡注：「契丹謂精騎爲鐵鷂，謂其身披鐵甲而馳突輕疾，如鷂之搏鳥雀也。」按本史卷八二蕭陽阿傳，卷一一四回離保傳俱以鐵鷂爲一軍，未分左右。

〔一四〕全遼文卷五王悦墓誌銘有嚴勝、龍衛兵馬都部署，即此威勝、龍衛兩軍。

〔一五〕本史卷一七聖宗紀太平八年十二月，「以遥輦太尉謝佛留爲天雲軍詳穩」。

〔一六〕按金史卷四四兵志羣牧十二處内有特滿羣牧。特滿，契丹語駱駝也。此詳穩司應是掌理駱駝軍。駱駝亦資乘騎，非僅運輸。

〔一七〕肴里，原作「滑里」。據本史卷一六聖宗紀開泰八年七月及卷一一五高麗外記改。

〔一八〕本史卷一一二耶律察割傳：「使領女石烈軍，出入禁中，數被恩遇。」此女古烈爲部族軍。

奚王南剋軍詳穩司。諸帳並有剋官爲長，餘同詳穩司。

奚王北剋軍詳穩司。

國舅帳剋軍。

三剋軍。

頻必剋軍。

九剋軍。

十二行糺軍。諸糺並有司徒，餘同詳穩司。

各宮分糺軍。

遙輦糺軍。

各部族糺軍。

羣牧二糺軍。

怨軍八營都詳穩司。〔一〕天祚天慶六年，命秦晉王淳募遼東飢民，得二萬餘人，謂之怨軍。及淳僭位，改號常勝軍。〔二〕

前宜營。八營皆以所募州名爲號。

後宜營。

前錦營。

後錦營。

乾營。

顯營。

乾顯大營。

巖州營。

〔一〕本史卷一〇聖宗紀統和二年十一月，耶律速撒受命討阻卜。卷九四本傳：「保寧三年，改九部都詳穩。賞順討逆，威信大振，在邊二十年。」卷八五耶律題子傳稱：「統和二年，將兵與西邊詳穩耶律速撒討陀羅斤。」

〔二〕本史卷二八天祚紀天慶七年九月，「上自燕至陰涼河，置怨軍八營：募自宜州者曰前宜、後宜，自錦州者曰前錦、後錦，自乾自顯者曰乾、曰顯，又有乾顯大營、巖州營，凡二萬八千餘人。」金史卷八二郭藥師傳：「遼國募遼東人爲兵，使報怨於女直，號曰怨軍，藥師爲其渠帥。遼帝亡保天德，耶律捏里自立，改怨軍爲常勝軍，擢藥師諸衛上將軍。」

北面邊防官

遼境東接高麗，南與梁、唐、晉、漢、周、宋六代爲勍敵，北鄰阻卜、朮不姑，大國以十數；西制西夏、党項、吐渾、回鶻等，强國以百數。居四戰之區，虎踞其間，莫敢與攖，制之有術故爾。觀於邊防之官，太祖、太宗之雄圖見矣。

諸軍都虞候司。〔一〕

都虞候。

奚王府。見部族官。

大惕隱司。見帳官。

大國舅司。

大常衮司。

五院司。見部族官。

六院司。

沓温司。未詳。

已上上京路諸司，控制諸奚。〔二〕

諸部署職名總目：

某兵馬都部署。〔三〕

某兵馬副部署。

某兵馬都監。

某都部署判官。

諸指揮使職名總目：

某軍都指揮使。

某軍副指揮使。

某軍都監。

諸統軍使職名總目：

有都統軍使、副使、都監等官。

東京兵馬都部署司。〔四〕

契丹、奚、漢、渤海四軍都指揮使司。〔五〕

契丹、奚軍都指揮使司。〔六〕

奚軍都指揮使司。

漢軍都指揮使司。

渤海軍都指揮使司。

東京都統軍使司。

東京都詳穩司。

保州都統軍司。〔七〕

湯河詳穩司。亦曰南女直湯河司。〔八〕

杓窊司。未詳。〔九〕

金吾營。屬南面。

銅州北兵馬指揮使司。

淶州南兵馬指揮使司。〔一〇〕

已上遼陽路諸司，控扼高麗。〔一一〕

黄龍府兵馬都部署司。一作都監署司。

黄龍府鐵驪軍詳穩司。〔一二〕

咸州兵馬詳穩司。有知咸州路兵馬事、同知咸州路兵馬事、咸州糺將。〔一三〕

東北路都統軍使司。有掌法官，道宗大安六年置。

已上長春路諸司，控制東北諸國。〔一四〕

〔一〕本史卷四八百官志四南面京官有五京都虞候司。卷四太宗紀會同二年閏七月，「以南王府二刺史貪蠹，各杖一百，仍繫虞候帳，備射鬼箭」。按唐藩鎮置都虞候，爲軍中執法官。

〔二〕此已上上京路諸司云者，全録自契丹國志卷二二：「上京路控制奚境：置諸軍都虞候司、奚王府大惕隱司、大國舅司、大常衮司、五院司、六院司、沓温司。」按永樂大典五二五二引此段，上京路作中京路，是。上字訛。

〔三〕王悦墓誌銘（見全遼文卷五）：「入爲嚴勝、龍衛兵馬都部署。……爲諸宫院兵馬副都部署。……復受命爲上京兵馬部署。」常遵化墓誌銘（見全遼文卷一三）：「公先娶於南王□番、漢都部署使女。」

〔四〕本史卷三八地理志二作東京都部署司。

〔五〕全遼文卷九蕭義墓誌銘：「授東京四軍副都指揮使。」此司不限東京設。卷四耶律琮神道碑：「保寧癸酉（五年），授推忠奉國功臣、昭武軍節度、利、□等州觀察、處置等使、特進、檢校太傅兼涿州刺史、西南面招安巡□（檢）使、契丹、奚、渤海、漢兒兵馬都□□、開國伯，食邑七千户。」是此司亦設於西南面。

〔六〕「奚」字疑衍。

〔七〕按紀、傳中不見此名。本史卷三八地理志二：「保州，宣義軍，節度。高麗置州。統和末，高麗降，開泰三年，取其保、定二州，於此置榷場。隸東京統軍司。」東京統軍司管領保州、開州、來遠城等軍事。此目係複出。

〔八〕索隱卷六：「一統志：湯河在奉天府遼陽州東南五十二里，源出分水嶺，北流入太子河。疑即漢志遼東居就縣室僞水。」本史卷一〇〇蕭酬斡傳：「天慶中，爲南女直詳穩。」全遼文卷九蕭裕

（袍）魯墓誌銘：「國家以殷子古墟，鮮卑别部，風俗桀驁，鎮撫實難。命公爲湯河女真詳穩。」本史卷二四道宗紀大安元年十一月作南女直詳穩。

〔九〕杓窊，鷹紐也，謂鷹紐印。參見本史卷一一六國語解，此司即掌管符印者。

〔一〇〕本史卷三八地理志二：「銅州，兵事隸北（女直）兵馬司，涑州，兵事隸南（女直）兵馬司。」無銅州、涑州兩兵馬指揮使司。此因地理志而附會，又訛涑州爲「淶州」。

〔一一〕契丹國志卷二二：「遼東路控扼高麗：置東京兵馬都部署司、契丹、奚、漢、渤海四軍都指揮使、保州統軍司、湯河詳穩司、金吾營、杓窊司。」

〔一二〕本史卷一八興宗紀重熙九年十一月，「女直侵邊，發黄龍府鐵驪軍拒之」。鐵驪應是部族軍，地近黄龍府。

〔一三〕本史卷三八地理志二：遼、祺、韓、雙、銀、同、咸、郢、肅、安、銅等州兵事屬北女直兵馬司。本志無北女直兵馬司之名，此咸州兵馬詳穩司當即北女直兵馬司。卷二七天祚紀天慶二年九月，阿骨打虜女直趙三、阿鶻産家屬，二人走訴咸州詳穩司。亦即此司。

〔一四〕契丹國志卷二二：「長春路鎮撫女真、室韋：置黄龍府兵馬都部署司、咸州兵馬詳穩司、東北路都統軍司。」

南京都元帥府。〔一〕本南京兵馬都總管府，興宗重熙四年改。有都元帥、大元帥。

南京兵馬都總管府。屬南面。有兵馬都總管，〔二〕有總領南面邊事，有總領南面軍務，有總領南面戍兵等官。

南京馬步軍都指揮使司。屬南面。

侍衞控鶴都指揮使司。屬南面。〔三〕

燕京禁軍詳穩司。

南京都統軍司。又名燕京統軍司。聖宗統和十二年復置南京統軍都監。

牛欄都統領司。〔四〕

都統領。

副統領。

距馬河戍長司。聖宗開泰七年，沿距馬河宋界東西七百餘里，特置戍長一員巡察。〔五〕

戍長。

監軍寨統領司。

石門統領司。〔六〕

南皮室軍詳穩司。

北皮室軍詳穩司。

猛拽刺詳穩司。

管押平州甲馬司。

管押平州甲馬。

已上南京諸司，並隸元帥府，備禦宋國。〔七〕

〔一〕本史卷一八興宗紀重熙四年十一月，「改南京總管府爲元帥府」。契丹國志卷二二作「燕京都總管府」。節制南京地區兵馬。武溪集卷一八契丹官儀：「遼人於燕京置元帥府，統軍、馬軍、步軍三司。」

〔二〕全遼文卷六韓橁墓誌銘：「四十萬兵馬都總管兼侍中南大王贈政事令陳王，諱遂貞，賜名直心。」

〔三〕此是南面官，因亦在元帥府統下，故複出。

〔四〕索隱卷六：「一統志：牛欄山在順天府順義縣北二十里。宋王曾上契丹事：『順州至檀州，漸入山，牛欄是其要地，山之東麓，潮、白二河合焉。』」契丹國志卷二二作牛欄監軍寨。此以牛欄、監軍寨作兩統領司，無據。

〔五〕按本史卷一七聖宗紀，置戍長巡察事，始於太平八年二月。距馬河即拒馬河。宋史卷一太祖紀乾德元年八月，「契丹幽州岐溝關使柴廷翰等來降」。全遼文卷五王悅墓誌銘：「出爲飛狐招安副使迴奉宣充祁溝兵馬都監。又爲燕京西南面巡檢使。」

〔六〕契丹國志卷二二作石門詳穩司。

〔七〕南京路亦稱燕山路。契丹國志卷二二：「燕山路備禦南宋：置燕京都總管府、節制馬步軍控鶴指揮使、都統軍司、牛欄監軍寨、石門詳穩司、南、北皮室司、猛拽剌司並隸總管府。」此外尚有易州飛狐兵馬司等，參見本史卷四八百官志四南面邊防官。

西南面安撫使司。〔一〕

西南面安撫使。

〔補〕西南面安撫副使。〔二〕

西南面都招討司。太祖神册元年置。〔三〕亦曰西南路招討司。

西南面招討使。〔四〕

西南邊大詳穩司。

西南路詳穩司。〔五〕

西南面五押招討司。

五押招討大將軍。〔六〕

西南路巡察司。又有西南巡邊官。

　西南路巡察將軍。

西南面巡檢司。

　西南面巡檢。

　西南面同巡檢。

西南面拽剌詳穩司。

山北路都部署司。又有知山北道邊境事官。〔七〕

金肅軍都部署司。〔八〕

南王府。見北面朝官。

北王府。

乙室王府。

山金司。一作山陰司。置在金山之北。〔九〕

　已上西京諸司，控制西夏。〔一〇〕

〔一〕原招安使司，澶淵結盟後，改爲安撫使司。

〔二〕此目原缺。全遼文卷一三趙匡禹墓誌銘：「有子十人，長曰爲臣，西南面安撫副使。」據補。

〔三〕按本史卷一太祖紀神册元年十一月，置西南面招討司。

〔四〕武溪集卷一八契丹官儀：「西南路招討，掌河西邊事。」本史卷四太宗紀會同五年二月，討吐谷渾，稱西南路招討使。卷七穆宗紀應曆十四年二月，稱西南面招討使。卷一〇聖宗紀統和元年正月同。但同年四月以後，即稱西南路招討使，卷一一聖宗紀統和四年四月以後又稱西南面招討使。亦有稱西南面都招討者。全遼文卷七北大王耶律萬辛墓誌銘：「又娶……西南面招討大王何你乙林免之小女。」此招討大王似指招討使。

〔五〕此西南路詳穩司與西南邊大詳穩司當是複出。張建立墓誌（一九八三年出土於遼寧凌源縣宋杖子鄉）：張建立曾有蕃、漢都提轄使銜，其子彦英曾有西南路都提轄使銜。此類職司，應是一時所設。張建立本職爲榆州刺史。

〔六〕本史卷三五兵衛志中大首領部族軍内有五押軍。宋琪上書云：「其諸大首領有太子，偉王，永康，南、北王，于越，麻答，五押等。」宋琪所舉爲（晉末）太宗、世宗時事。非一代前後定制。

〔七〕按此即本史卷四一地理志之西京都部署司。

〔八〕按本史卷四一地理志五：「金肅州屬西南面招討司。」此目不見紀、傳。

〔九〕按此既是西京諸司，何能在金山之北，金山或是陰山。

〔一〇〕契丹國志卷二二：「雲中路控制夏國：置西南面都招討司（司，大典五二五二作府），西京兵馬都部署司，金肅、河清軍，五花城，南、北大王府，乙室王府，山金司。」宋史卷四八五夏國傳上：「開運初，（會同六年）授（西夏李彝殷）契丹西南招討使。」通鑑後晉紀開運二年（九四五）正月朔州胡注：「勝州不係天福初所割十六州之數。契丹乘勢併取之也。」

西北路招討使司。有知西路招討事，有監軍。〔一〕

西北路管押詳穩司。

西北路總領司。有總領西北路軍事官。〔二〕

領西北路十二班軍使司。〔三〕

契丹軍詳穩司。

吐渾軍詳穩司。

述律軍詳穩司。

禁軍詳穩司。

奚王府舍利軍詳穩司。

大室韋軍詳穩司。

小室韋軍詳穩司。
北王府軍詳穩司。
特滿軍詳穩司。
羣牧軍詳穩司。
宮分軍詳穩司。
西北路金吾軍。屬南面。
西北路兵馬都部署司。〔四〕
西北路阻卜都部署司。
西北路統軍司。〔五〕
西北路戍長司。
西北路禁軍都統司。
西北部鎮撫司。兼掌西北諸部軍民。有鎮撫西北部事官。
西北路巡檢司。
黑水河提轄司。在中京黔州置。〔六〕
已上西北路諸司，控制諸國。〔七〕

〔一〕武溪集卷一八契丹官儀：「西北路招討，掌撻笪等邊事。」本史卷三〇天祚紀耶律淳附事稱南、北路兩都招討府，即謂西南、西北兩都招討司。卷八七蕭孝穆傳：「統和二十八年，累遷西北路招討都監。」監軍即本於此。都招討府，或招討司爲方面最高邊防機構，其下二十餘目，有臨時遣派誤爲常設衙署者，有叙記其事因擬爲官稱者，亦有不屬西北而誤入者。

〔二〕紀、傳中未見此目，似非常設機構。據本史卷一三聖宗紀及卷八五蕭撻凜傳：統和十二年，皇太妃受命用兵西北，蕭撻凜爲阻卜都詳穩，督西北路軍事。又卷九三蕭圖玉傳：「統和十九年，總領西北路軍事。」一職多稱。

〔三〕本史卷一七聖宗紀太平六年二月，「以國舅帳蕭柳氏、徒魯骨領西北路十二班軍，奚王府舍利軍」。此西北路十二班軍，未必爲設司置使之固定機構。

〔四〕本史卷七九耶律賢適傳：「保寧三年，爲西北路兵馬都部署。」按卷八景宗紀保寧三年七月，「以賢適爲西北路招討使」。是此兵馬都部署即招討使。

〔五〕本史卷二五道宗紀大安十年十月，始見此司，前此爲烏古敵烈統軍司。但壽隆元年仍稱烏古敵烈部統軍使。見卷九四耶律那也傳。

〔六〕中京黔州不屬西北路，疑此是舛誤。

全遼文卷七耶律元妻晉國夫人蕭氏墓誌銘：「適故金紫崇禄大夫、檢校太師、西北路右神武衛上將軍耶律元。」神武軍屬南面。

〔七〕三朝北盟會編政宣上帙二十一引亡遼録：「沙漠之北，則置西北路都招討府，奥隗、烏隗部族衙，盧溝河統軍司。（契丹國志卷二二作驢駒河，是。即今克魯倫河。本史卷二二道宗紀咸雍四年七月，於此「置烏古敵烈部都統軍司」。盧朐河統軍司則以地名之。）倒塌嶺衙，鎮攝韃靼、蒙古、迪烈諸國。」契丹國志卷二二同。倒塌嶺衙見下文西京路倒塌嶺統軍司，控制漠南陰山以北。

東北路兵馬詳穩司。亦曰東北面詳穩司。〔一〕

東北路監軍馬司。有東北路監軍馬使，有管押東北路軍馬事官。

東北路女直詳穩司。

北女直兵馬司。在東京遼州置。〔二〕

已上東北路諸司。

〔一〕東北路兵馬詳穩司或東北面詳穩司即上文長春路諸司中之咸州兵馬詳穩司。

〔二〕北女直兵馬司，管領遼、祺、韓、雙、銀、同、咸等州兵馬事，治所在遼州。此東北路諸司與上文長春路諸司有重複。契丹國志卷二二：「長春路鎮撫女真、室韋；置黄龍府兵馬都部署司咸州兵馬詳穩司、東北路都統軍司。」

東路兵馬都總管府。〔一〕有東路兵馬都總管，有同知東路兵馬事官。

東路都統軍使司。〔二〕

遥里等十軍都詳穩司。

遥里軍諸詳穩司。未詳。〔三〕

九水諸夷安撫使。〔四〕

已上東路諸司。

〔一〕按五京均設都總管府，詳見下文。即兵馬都總管府之簡稱。此東路兵馬都總管府，亦即東京都總管府。

〔二〕紀、傳中不見此名。應即本史卷三八地理志二之東京統軍司。統軍司即上文都統軍使司之簡稱。

〔三〕上文北面軍官有肴里奚軍、涅哥奚軍兩詳穩司，遥里爲五部奚之第一部，此應屬於奚人者。

〔四〕本史卷八七蕭孝穆傳：開泰二年，「以功遷九水諸部安撫使」。按卷一五聖宗紀，開泰二年十二月作「西北路招討使」。三年四月，又稱「西北路招討都監」。因討阻卜之功，並不在東路。

上文已有遼陽路（契丹國志、亡遼録稱遼東路）諸司，此東路諸司爲複出。

西南面節制司。有節制西南諸軍事。

西南面都統軍司。〔一〕

已上西南邊諸司。

〔一〕紀、傳中不見此名。西南邊諸司已見上文，此複出。

山西兵馬都統軍司。

西路招討使司。〔一〕

西邊大詳穩司。

四蕃都軍所。聖宗統和四年置，授李繼冲。〔二〕

夏州管内蕃落使。〔三〕聖宗統和四年置，授李繼遷。

倒塌嶺節度使司。〔四〕

倒塌嶺統軍司。

塌西節度使司。〔五〕

塌母城節度使司。〔六〕

已上西路諸司。〔七〕

〔一〕紀、傳中不見此名。

〔二〕按本史卷一一聖宗紀統和四年二月，以四蕃都統軍李繼忠爲檢校司徒、上柱國。冲、忠音近而訛。

〔三〕按本史卷一一聖宗紀統和四年二月作「定難軍節度使，銀夏綏宥等州觀察處置等使，都督夏州諸軍事」。

〔四〕索隱卷六：「今名都忒嶺。在喀爾喀西路札薩克圖汗右翼左旗博格爾諾爾之西，庫克西勒克山之南。詳見蒙古遊牧記。」本史卷二〇興宗紀重熙十九年六月，「置倒塌嶺都監」。卷九一耶律僕里篤傳：「時近邊羣牧數被寇掠，遷倒塌嶺都監以治之，桴鼓不鳴。」卷二二道宗紀清寧三年正月，「置倒塌嶺節度使」。同時應設節度使司。

〔五〕本史卷一七聖宗紀太平六年二月，「詔党項别部塌西設契丹節度使治之」。

〔六〕蕭陶隗、耶律敵烈均曾任塌母城節度使。各見本史卷九〇、九六本傳。

〔七〕契丹國志卷二二：「沙漠府控制沙漠之北：置西北路都招討府、奧隗部族衙、臚駒河統軍司、倒撻嶺衙，鎮撫韃靼、蒙骨、迪烈諸軍。」

北面行軍官

遼行軍官，樞密、都統、部署之司，上下相維，先鋒、兩翼嚴重，中軍於遠探偵候爲尤謹，臨陣委重於監戰。司存有常，秩然整暇，所以爲制勝之道也。

行樞密院。有左、右林牙，〔一〕有參謀。

行軍都統所。有監軍，有行軍諸部都監，有監戰。

行軍都統。〔二〕

行軍副都統。

行軍都監。

行軍都押司。有都押官、副押官。

行軍都部署司。

先鋒使司。

先鋒都統所。

左翼軍都統所。

右翼軍都統所。

中軍都統所。

御營都統所。

遠探軍。有小校，有拽剌。

候騎。有偵候，有候人，有拽剌。〔三〕

〔一〕隨從之文職。

〔二〕一九七五年内蒙古昭盟敖漢旗豐收公社出土「行軍都統之印」一方。銅質、方形，邊長各七點五厘米，長方形直紐，有一「上」字。印文自左至右讀，都字邑旁居左，不同習見之印文。此都統制依中原，宋有行軍都統、副都統。

全遼文卷六韓橁墓誌銘：「假公押領控鶴、義勇、護聖、虎翼四軍。充攻城副部署。」按本史卷一七聖宗紀太平九年十月，「以南京留守燕王蕭孝穆爲都統，國舅詳穩蕭匹敵爲副統，奚六部大王蕭蒲奴爲都監。」此攻城副部署爲承擔具體任務者，副部署之上應有都部署。

〔三〕以上爲行軍機構編制，以下爲方面具體建制。

東征行樞密院。

東征都統所。亦曰東面行軍都統所，又曰東路行軍都統所。

東征統軍司。

東征先鋒使司。

西征統軍司。

南征都統所。亦曰南面行軍都統所。

南征統軍司。

南面行營總管府。

南面行營都部署司。〔一〕

河南道行軍都統所。

北道行軍都統所。

東北面行軍都統所。

西北面行軍都統所。

西南面行軍都統所。

〔一〕此爲向南行軍所設之機構，即上文行軍都部署司之具體官司。本史卷八五奚和朔奴傳：「統和初，以耶律休哥領南邊事，和朔奴爲南面行軍副部署。十三年秋，遷都部署，伐兀惹，利其俘掠，請降不許。知不能克，從副部署蕭恒德議，掠地東南，循高麗北界而還。」卷八八蕭恒德傳：「統和十二年八月，賜啓聖竭力功臣。從都部署和朔奴討兀惹。十四年，爲行軍都部署，伐蒲盧毛朵部。」

北面屬國官

遼制，屬國、屬部官，大者擬王封，小者准部使。命其酋長與契丹人區別而用，恩威兼制，得柔遠之道。考其可知者具如左。

屬國職名總目：

某國大王。

某國于越。

某國左相。
某國右相。
某國惕隱。亦曰司徒。
某國太師。
某國太保。
某國司空。本名闥林。〔一〕
某國某部節度使司。
某國某部節度使。
某國某部節度副使。
某國詳穩司。
某國詳穩。
某國都監。
某國將軍。
某國小將軍。
大部職名：

並同屬國。

諸部職名：

並同部族。

〔一〕本史卷四太宗紀會同元年十一月，「改諸部宰相、節度使帳爲司空，二室韋闥林爲僕射」。

女直國順化王府。景宗保寧九年，女直國來請宰相夷離堇之職，以次授者二十一人。聖宗統和八年，封女直阿海爲順化王，亦作阿改。天祚天慶二年有順國女直阿鶻産大王。

北女直國大王府。

南女直國大王府。

曷蘇館路女直國大王府。亦曰合蘇衮部女直王，又曰合素女直王，又曰蘇館〔二〕都大王。聖宗太平六年，曷蘇館諸部許建旗鼓。

長白山女直國大王府。聖宗統和三十年，長白山三十部女直乞授爵秩。〔三〕

鴨渌江女直大王府。

瀕海女直國大王府。

阻卜國大王府。〔三〕

阻卜扎剌部節度使司。

阻卜諸部節度使司。聖宗統和二十九年置。

阻卜別部節度使司。

西阻卜國大王府。

北阻卜國大王府。

西北阻卜國大王府。

乞粟河國大王府。

城屈里國大王府。

朮不姑國大王府。亦曰述不姑。又有直不姑。

阿薩蘭回鶻大王府。亦曰阿思懶王府。〔四〕

回鶻國單于府。興宗重熙二十二年，詔回鶻部副使，以契丹人充。

沙州回鶻燉煌郡王府。〔五〕

甘州回鶻大王府。

高昌國大王府。〔六〕

党項國大王府。

西夏國西平王府。〔七〕

高麗國王府。

新羅國王府。〔八〕

日本國王府。

吐谷渾國王府。

吐渾國王府。〔九〕

轄戛斯國王府。〔一〇〕

室韋國王府。

黑車子室韋國王府。

鐵驪國王府。〔一一〕

靺鞨國王府。

沙陀國王府。

濊貊國王府。

突厥國王府。

西突厥國王府。〔一二〕

斡朗改國王府。〔一三〕

迪烈德國王府。亦曰敵烈，亦曰迭烈德。〔一四〕

于厥國王府。〔一五〕

越離覲國王府。亦曰斡離都。

阿里國王府。

襖里國王府。

朱灰國王府。

烏孫國王府。

于闐國王府。

獅子國王府。

大食國王府。

西蕃國王府。〔一六〕

大蕃國王府。〔一七〕

小蕃國王府。〔一八〕

吐蕃國王府。

阿撒里國王府。〔一九〕

波剌國王府。

惕德國王府。

仙門國王府。〔二〇〕

鐵不得國王府。〔二一〕

鼻國德國王府。〔二二〕

轄剌國只國王府。〔二三〕

賃烈國王府。〔二四〕

獲里國王府。

怕里國王府。〔二五〕

噪溫國王府。

阿鉢頗得國王府。

阿鉢押國王府。

紇没里國王府。

要里國王府。
徒覩古國王府。亦曰徒魯古。
素撒國王府。
夷都衮國王府。
婆都魯國王府。
霸斯黑國王府。
達離諫國王府。
達盧古國王府。〔二六〕
三河國王府。〔二七〕
覈列哿國王府。
述律子國王府。
殊保國王府。
蒲昵國王府。
烏里國王府。
已上諸國。〔二八〕

〔二〕本史卷一五聖宗紀開泰元年正月，「曷蘇館大王曷里喜來朝」。卷一七聖宗紀太平六年十月，「曷蘇館諸部長來朝」。十二月，「曷蘇館部乞建旗鼓，許之」。

三朝北盟會編政宣上帙三：「契丹阿保機乘唐衰亂，開國北方，併呑諸番三十有六，女真其一焉。阿保機慮女真爲患，乃誘其强宗大姓數千户，移置遼陽之南，以分其勢，使不得相通。遷入遼陽著籍者，名曰合蘇款，所謂熟女真者是也。」東北輿地釋略卷二：「滿洲源流考云：哈斯罕舊曰合蘇款，又作合蘇館，滿洲語藩籬也。此（北盟會編）云：使不得與本國相通，實有妨閑之意，與滿洲語意相合。」由遼陽而南，直至蘇、復二州，皆合蘇館分佈之地。亦作遏速館、合思罕。

〔三〕大金集禮卷三皇統五年增上祖宗尊謚：「穆宗孝平皇帝法令歸一，恢大洪業。盡服四十七部之衆。」

金史卷一二〇世戚列傳：「世祖時，烏春爲難，世祖欲求昏以結其驩心，烏春曰：『女直與胡里改豈可爲昏。』世宗時，賜夾谷清臣族同國人。清臣，胡里改人也。然則四十七部之中，亦有不通昏因者矣。」

金史卷六七留可傳：「間誘奧純、塢塔兩部之民作亂，敵庫德、鈍恩皆叛，而與留可、詐都合。兩黨揚言曰：『徒單部之黨十四部爲一，烏古論部之黨十四部爲一，蒲察部之黨七部爲一，凡三十五部。完顏部（之黨）十二而已，以三十五部戰十二部，三人戰一人也，勝之必矣。』」三十五部加十二部，正合四十七部。

北風揚沙録：「地方千餘里，户十餘萬，無大君長，亦無國名，散居山谷間，自推豪傑爲酋長，小者千户，大者數千，則謂之生女真七十二部之一也。」

金史卷六七阿疎傳：「阿疎，星顯水紇石烈部人。世祖破烏春還，阿海（阿疎之父）率官屬士民，迎謁於雙宜大濼，獻黃金五斗。世祖喻之曰：『烏春本微賤，吾父撫育之，使爲部長，而忘大恩，乃結怨於我，遂成大亂，自取滅亡。吾與汝等三十部之人，自今可以保安休息。』」長白山三十部女直，因分布在長白山，居地鄰接，遂得以此名出現。鴨緑江女直、瀕海女直亦同此例。

〔三〕統和四年耶律延寧墓誌（見全遼文卷五）：「公威極北之疆境，押沮挨之失圍。聞見歸降，例皆森聳。」沮挨即阻卜。挨，撲同音，用貶抑之義，以挨代撲，沮撲即阻卜。此似是在北邊者。失圍即下文室韋，言阻卜之室韋，似是阻卜地區之室韋。室韋爲西伯、錫伯、西北，亦作席北。阻卜，金史作阻轐。史記卷一一一漢書卷五五霍去病傳並稱去病討遬濮。史記索隱：「遬音速，濮音卜。崔浩云：『匈奴部落名。案下有遬濮王，則是國名也。』」漢書顏師古注：「遬濮，匈奴部落名。」册府元龜卷一二七：「（漢武帝）元狩三年，霍去病爲驃騎將軍，帝曰：『驃騎將軍率戎士，討遬濮。（注：遬，古速字也。遬濮，匈奴部落名也。）』」今西藏語仍稱遊牧蒙古人曰 Sogpo（阻卜）。本史卷一〇三蕭韓家奴傳載其奏對云：「阻卜諸部，自來有之。曩時北至臚朐河，南至邊境，人多散居，無所統壹，惟往來抄掠。及太祖西征，至於流沙，阻卜望風悉降，西域諸國皆願入貢。因遷種落，内置三部，以益吾國，不營城邑，不置戍兵，阻卜累世不敢爲寇。」馮承鈞撰西域南海史地考證論著彙輯遼金北邊部族考：「阻卜、阻轐，原名殆出於契丹語，或是漠北諸强大部族之總稱，猶之前代之鐵勒、突厥，所包括者，不僅同一語系之種族也。遼金時代之阻卜、阻轐，至少包括有札剌兒、克烈、塔塔兒等部落，或者兼有主兒勤、乃蠻等部落。蓋此類部落，在金末蒙古乞顔族勃興時，皆屬强有力之部落也。」「札剌爲阻卜諸部落之最强者。考成吉思汗勃興前，漠北有札剌兒部，亦名札拉亦兒，又名押剌伊而。元史太祖本紀載此部人曾乘勝殺莫拿倫滅其家。剌史德丁書謂此部分爲十部，應爲當時强有力之部落，居地似在斡難河一帶，則此阻卜大王府應冠東字。此外遼史著録諸部族，無以札剌爲名者；固有部落名茶札剌，然遼史别有著録，又寫其名作荼赤剌，不得謂爲荼札剌之省寫。由是觀之，除札剌兒部以外莫屬。」阻卜各部主要分布在大興安嶺以西地帶。

〔四〕阿薩蘭譯言「獅子」，下文獅子國疑是重出。黑汗王朝用「阿薩蘭汗」之稱，阿薩蘭回鶻似指黑汗王朝。

〔五〕府字原缺，據前後文補。本史卷三六兵衛志屬國軍分作燉煌、沙州燉煌、沙州回鶻三目。燉煌爲瓜州，沙州分部。沙州燉煌即屬於沙州之瓜州。金史卷三太宗天會五年十月，「沙州回鶻活剌散可汗遣使入貢」。即此部。瓜、沙皆依附甘州回鶻。

〔六〕按本史卷三六兵衛志下屬國軍既有高昌、又有和州回鶻，實際重出；此著高昌即高昌回鶻、亦即和州回鶻。

〔七〕元朝秘史卷五、卷一四作唐兀，卷七作河西，卷五、卷七、卷一三作合申。西夏即党項族所建。前此党項一目，應指不同部分。

〔八〕按新羅爲高麗重出。

〔九〕吐渾即吐谷渾重出。又作退渾。魏收魏書卷一〇一吐谷渾傳：「吐谷渾，本遼東鮮卑徒何涉歸子也。涉歸二子：庶長曰吐谷渾，徙上壠，止於抱罕暨甘松，南界昂城、龍涸，從洮水西南極白蘭數千里中，逐水草，廬帳而居。吐谷渾死，長子吐延爲羌酋所刺。有子十二人，（子）葉延少而勇果，遂以吐谷渾爲氏焉。阿豺立，兼并羌、氐，地方數千里。」

〔一〇〕本史卷三太宗紀天顯六年正月，以慕化轄戛斯國人來，卷六穆宗紀應曆二年十月，轄戛斯遣使來貢。卷三六兵衛志屬國軍有轄戛斯。胡嶠陷北記作轄戛。唐稱黠戛斯，元稱吉利吉思，即今柯爾克孜。當時分布在今貝加爾湖以西謙河流域。

〔一一〕按本史卷二太祖紀天顯元年二月，鐵驪來貢。此後常貢鷹鶻、貂皮、馬匹等方物。卷一三聖宗紀統和十三年七月，「兀惹烏昭度、渤海燕頗等侵鐵驪，遣奚王和朔奴等討之」。卷一五聖宗紀開泰元年八月，「鐵驪那沙等送兀惹百餘户至賓州，賜絲絹。那沙乞賜佛像、儒書，詔賜（之）」。卷一六聖宗紀開泰七年三月，「命東北越里篤、剖阿里、奧里米、蒲奴里、鐵驪等五部歲貢貂皮六萬五千，馬三百」。卷八五奚和朔奴傳：「統和十三年秋，伐兀惹。駐于鐵驪，秣馬數月，進至兀惹城。」可見鐵驪在兀惹之西。兀惹城在今通河縣附近。鐵驪居其西，正當今黑龍江省鐵力市一帶，即由呼蘭河上游南至松花江下游，皆鐵驪分布地區。

〔一二〕按濊貊、突厥、西突厥三國已亡，或是遺人用舊名貢獻者，因存於史册。下文烏孫國同此。

〔一三〕分布在今貝加爾湖以東。

〔一四〕迪烈德亦作迪烈得。

〔一五〕于厥又作于厥里、羽厥、羽厥里、尉厥里，胡嶠陷北記：「西北至嫗厥律，其人長大，髦頭，酋長全其髮，盛以紫囊。地苦寒，水出大魚，契丹仰食。又多黑、白、黄貂鼠皮，北方諸國皆仰足。其人最勇，鄰國不敢侵。又其西轄戛。」新唐書卷四三下地理志載賈耽道里記：「室韋之西有鞠部落，亦曰祴部落。其東十五日行有俞折國，亦室韋部落。」通考卷三四四四夷考：「鞠國在拔野古東北五百里，六日行至，其國有樹無草，但有地苔。無羊、馬家畜，鹿如中國牛馬，使鹿牽車，可勝三四人，人衣鹿皮，食地苔，其俗聚木爲屋。」

〔一六〕本史卷九一耶律唐古傳：「西蕃來侵，詔議守禦計，命唐古勸督耕稼以給西軍，田于臚朐河側，明年，移屯鎮州。」卷一〇三蕭韓家奴傳：「方今最重之役，無過西戍。阻卜諸部，自來有之。曩時北至臚朐河，南至邊境。」此西蕃指阻卜。

册府元龜卷九八七：「晉天福四年（會同二年、九三九）八月，西蕃寇邊，涇州節度使張彥澤獲其大首領野離王子羅蝦獨。」新五代史卷八晉高祖紀：「天福四年八月，西戎寇涇州，彰義軍節度使張彥澤敗之，執其首領野離羅蝦獨。」此西蕃謂西戎野離。

〔一七〕唐蕃會盟碑（即甥舅聯盟碑）云：「今蕃、漢二國，所守見管封疆，洮岷之東，屬大唐國界，其塞之西，方是大蕃境土。」大蕃即吐蕃。碑文又云：「其洮岷之東，大唐祗應；清水縣以西，大蕃供應。」見西藏志唐碑及衛藏通志卷六。大番，按藏文漢音曰「播青布」，意義爲「大播」，由唐蕃會盟碑之對照，大蕃指吐蕃無疑。吐蕃之「蕃」有二讀。沈兼士廣韻聲系：番、蕃二字有兩種切法：一「補過切」，與播、鄱同音；一作「孚袁切」，與翻同音。敦煌遺書中有貞觀氏族志，王重民敦煌古籍叙録卷二曾轉載。其中有「大蕃歲次丙辰後三月庚午朔，十六日乙酉魯國唐氏苾蒭悟真記」一行。大蕃即吐蕃，悟真爲留藏漢僧，蕃讀「補過切」。與房山出土之遼磚之大蕃讀「孚袁切」者不同。

舊唐書卷一九六下吐蕃下長慶元年十月十日會盟誓詞：「中夏見管，惟唐是君；西裔一方，大蕃爲主。」五代會要卷五節日所稱「蕃部進駝馬」。舊五代史卷四〇唐書明宗紀：天成四年四月，「詔，沿邊置場買馬，不許蕃部直至闕下。先是党項諸蕃，凡將到馬，無駑良並云上進。國家遂止之」。

〔一八〕舊唐書卷一四七杜佑傳：「元和元年（八〇六），時河西党項潛導吐蕃入寇。佑上疏論之曰：『且党項小蕃，雜處中國，本懷我德，當示撫綏。間者邊將非廉，亟有侵刻。或利其善馬，或取其子女，便賄方物，徵發役徒；勞苦既多，叛亡遂起。或與北狄通使，或與西戎寇邊，有爲使然，固當懲革。』」（新唐書卷一六六本傳，册府元龜卷九九三，全唐文卷四七七並同。）全唐文卷一〇七後唐明宗定蕃使朝儀詔：「大蕃須示於威容，即於正衙引對；小蕃但推於恩澤，仍於偏殿撫懷。」小蕃似即指党項，對吐蕃即大蕃而言。

本史卷一太祖紀神册元年七月，「親征突厥、吐渾、党項、小蕃、沙陀諸部，皆平之」。卷二太祖紀：「天贊四年二月，大元帥堯骨畧党項，獻党項俘。四月，南攻小蕃，下之。」小蕃又似另自一支，其居地在南。考唐大詔令集卷一二九洗雪平夏党項德音：「敕：平夏、南山，雖云有異；源流、風俗，本貫不殊。我國家累聖以來，許居内地。近者邊陲之帥，制御乖方，遂有兇悍之徒，不率父兄之教，或侵暴州鎮，或攻掠道塗。是以去年洗雪平夏，驅除南山，及聞窮困無歸，復有懷來之意。近得（白）敏中奏云：南山盡願歸降，瀝懇輸誠，惟思展效。比者或有剽劫，必指南山；南山或有寇攘，亦指平夏。既相非斥，互説短長；終難辨明，祇益讎怨。今則並從洗雪，咸許自新。」（全唐文卷八一、文苑英華卷四三九並同。惟文苑英華題作「洗雪南山平夏」。）可見平夏、南山爲党項兩部分。天贊四年史文，党項指平夏，小蕃指南山。

通鑑唐紀宣宗大中五年春二月，「上以南山、平夏党項久未平，崔鉉建議，宜遣大臣鎮撫。」胡注：「党項居慶州者，號東山部；居夏州者，號平夏部，其竄居南山者，爲南山党項。趙珣聚米圖經：『党項部落在銀、夏以北，居川澤者，謂之平夏党項；在安、鹽以南，居山谷者，謂之南山党項。』」

宋史卷四八五夏國傳有上宋表章：「臣偶以狂斐，制小蕃文字，改大漢衣冠，衣冠既就，文字既行，禮樂既張，器用既備，吐蕃、塔塔、張掖、交河，莫不從伏。」西夏党項自稱小蕃。

〔一九〕阿撒里，或是今阿里，與上文阿里重出。

〔二〇〕按本史卷二〇興宗紀重熙十六年十月，「鐵驪仙門來朝，以始入貢，加右監門衛大將軍」。仙門是鐵驪酋長名。鐵驪已見，此重出酋長名。衍文宜删，姑存備檢。

〔二一〕鐵不得即吐蕃，此與上文大蕃並是吐蕃複出。或當時吐蕃不同部分朝貢於遼者，因以不同名稱存於史册。

〔二二〕按本史卷三太宗紀天顯三年十一月，鼻骨德來貢。卷三六兵衛志下作鼻骨德，下文諸部中仍有鼻骨德部。設非重出，則是别部。另有伯斯鼻骨德部、達馬鼻骨德部，均屬東北路統軍司。大石所會七州十八部中有鼻古德。鼻骨得，金史作鼈故德、鼈古，曾助女真阻遼鷹路。重熙二十一年七月，遣使詣五國及鼻骨德、烏古、敵烈四部捕海東青鶻，見卷六九部族表，住地應在黑龍江下游。金史卷四四兵志：「來流、鴨水、鐵驪、鱉古之民皆附。」鱉古亦指鼻骨德。即此鼻國德。元史卷五九地理志：合蘭府水達達等路内有孛苦江萬户府。孛苦或即鱉古、鼻古異譯。

〔二三〕按本史卷四會同三年六月作轄剌骨只。

〔二四〕本史卷四會同三年八月，賃烈等國來貢。七年六月，紝没里、要里等國來貢。下文紝没里在卷七〇屬國表作賃烈。紝没里與此賃烈，應是重出。

〔二五〕按本史卷三六兵衛志作頗里。

〔二六〕本史卷三太宗紀：「（太宗從太祖）東平渤海，破達盧古部。天顯三年正月，黄龍府羅涅河女直、達盧古來貢。」卷一四聖宗紀統和十九年八月，「達盧骨部來貢」。羅涅河即今拉林河。金史卷二（太祖將伐遼）：「使婆盧火征移懶路迪古乃兵，斡魯古、阿魯撫諭斡忽、急賽兩路係遼籍女直，實不迭往完睹路執遼障鷹官達魯古部副使辭列、寧江州渤海大家奴。於是達魯古部實里館來告曰：『聞舉兵伐遼，我部誰從？』太祖曰：『吾兵雖少，舊國也，與汝鄰境，固當從我。若畏遼人，自往就之。』」（達魯古與金太祖爲鄰境。）收國元年正月，「上率兵趨達魯古城，次寧江州西。……進師，有火光正圓，自空而墜。上曰：『此祥徵，殆天助也。』……進逼達魯古城。」二年正月，「詔曰：『自今契丹、奚、漢、渤海、係遼籍女直、室韋、達魯古、兀惹、鐵驪諸部官民，已降或爲軍所俘獲。逃遁而還者，勿以爲罪』。」「天輔二年七月，詔達魯古勃堇辭列：『凡降附新民，善爲存撫。』」

〔二七〕按此即下文諸部中三河烏古部。

〔二八〕索隱卷六：「案諸國王府七十有八，而遼有屬國軍五十九國，是十九國不出軍。」

蒲盧毛朵部大王府。〔一〕

回跋部大王府。〔二〕

嵒母部大王府。

黄龍府女直部大王府。道宗大康八年，賜官及印。

吾秃婉部大王府。

烏隈于厥部大王府。〔三〕

婆離八部大王府。〔四〕

于厥里部族大王府。太宗會同三年，賜旗鼓。〔五〕

已上大部。

〔一〕本史卷一七聖宗紀太平六年四月，「蒲盧毛朵部多兀惹户，詔索之」。七年正月，「蒲盧毛朵部遣使來貢」。卷一九興宗紀重熙十三年四月，「遣東京留守耶律侯哂、知黄龍府事耶律歐里斯將兵攻蒲盧毛朵部」。十五年二月，「蒲盧毛朵界曷懶河户來附，詔撫之」。卷二〇興宗紀重熙十七年四月，「蒲盧毛朵部大王蒲輦以造舟人來獻」。十九年四月，「蒲盧毛朵部惕隱信篤來貢」。六月，「回跋、曷蘇館、蒲盧毛朵部各遣使貢馬」。

蒲盧毛朵部居地，應與回跋、曷蘇館不遠。吉林通志卷一一謂在今琿春境。滿鮮地理歷史研究報告謂在朝鮮咸興平野一帶。按界内有曷懶河（今河蘭河），又進船工，似應在今琿春以西海蘭河地帶。

〔二〕按本史卷七三阿古只傳：「渤海既平，改東丹國。頃之，已降郡縣復叛。阿古只帥麾下精鋭，直犯其鋒，遂進軍破回跋城。」（卷七四康默記傳同。）今吉林輝發河東北岸輝南縣東北有回跋故城址，應即往昔回跋聚集區。

本史卷一六聖宗紀：「開泰八年三月，回跋部太師踏剌葛來貢。七月，回跋部太保麻門來貢。」卷一九興宗紀重熙十二年四月，「置回跋部詳穩、都監」。卷二〇興宗紀：重熙十七年六月，回跋部太師撒剌都來貢方物。十八年五月，回跋部長兀迭臺札等來朝。十九年六月，回跋、曷蘇館、蒲盧毛朵部各遣使貢馬。

太師、太保、詳穩、都監，皆北面屬國官。

北風揚沙録：「阿保機乘唐衰亂，開國北方，併吞諸番三十有六，女真其一焉。阿保機慮女真爲患，乃誘其强宗大姓數千户，移置遼陽之南以分其勢，使不得相通。遷入遼陽著籍者名曰合蘇款（曷蘇館）所謂熟女真者是也。咸州之東北分界入山谷、至於東沫江中間所居，隸屬咸州兵馬司，許與本國往來，謂之回霸，回霸者非熟女真亦非生女真也。自東沫江之北、寧江之東北，地方千餘里，户口十餘萬，散居山谷間，自推雄豪爲酋長，小者千户，大者數千户，則謂之生女真。又有極邊遠而近東海者，則謂之東海女真，多黄髮，鬢皆黄，目睛緑者謂之黄頭女真。」回霸即回跋，爲女真一部分，其居地及隸屬聯繫，介於生、熟女真之間。見上文。

金史卷二太祖紀：天輔三年五月，「詔咸州路都統司曰：『兵興以前，曷蘇館、回怕里與係遼籍、不係遼籍女真户民，有犯罪流竄邊境或亡入於遼者，本皆吾民，今既議和，當行理索。』」又卷八八紇石烈良弼傳：「良弼本名婁室，回怕川人也。」卷八二紇石烈胡剌傳：「胡剌，晦發川喻敦河人。」

回霸、回跋、回怕、晦發，皆同音異譯。吉林通志卷一一：「輝發部，舊作回跋部，又作回霸部，今伊通州東南。」滿洲源流考卷一四：「輝發河，通考：契丹時，自咸州東北至粟末江中間所居之女真，謂之輝發。」讀史方輿紀要卷三八：「近開原北邊松花江者，謂之山夷、北抵黑龍江者，謂之江夷，其灰扒、兀剌等族，類皆江夷種也。」灰扒即回跋。

〔三〕烏隈于厥部即下文烏隈烏骨里部，下文隈烏古部重出。本史卷二三道宗紀咸雍九年七月又作隗烏古部。卷三三營衞志作隗古部。

〔四〕按即上文怕里，本史卷三六兵衞志作頗里。

〔五〕于厥里即烏古，見上文諸國注〔一五〕于厥注。

生女直部。〔一〕

直不姑部。

狐山部。

拔思母部。

荼扎剌部。

粘八葛部。〔二〕

耶覩刮部。〔三〕

耶迷只部。

撻朮不姑部。

渤海部。

西北渤海部。

達里得部。亦曰達離底。

烏古部。〔四〕

隈烏古部。

三河烏古部。〔五〕

烏隈烏骨里部。

敵烈部。〔六〕

迪離畢部。

涅剌部。〔七〕

烏濊部。已上三部，隸夫人婆底里〔八〕東北路管押司。

鉏德部。〔九〕

諦居部。亦曰諦舉部。

涅剌奧隗部。

八石烈敵烈部。〔一〇〕

迭剌葛部。

兀惹部。亦曰烏惹部。〔一一〕

党項部。〔一二〕

隗衍党項部。

山南党項部。

北大濃兀部。

南大濃兀部。

九石烈部。

嗢娘改部。〔一三〕

鼻骨德部。〔一四〕

退欲德部。〔一五〕

涅古部。

遥思拈部。〔一六〕

劃離部。聖宗統和元年，劃離部請今後詳穩於當部人内選授，不許。〔一七〕

四部族部。

四蕃部。〔一八〕

三國部。〔一九〕

素昆那山東部。

胡母思山部。

盧不姑部。

照姑部。

白可久部。

俞魯古部。

七火室韋部。

黄皮室韋部。

瑶穩部。

嘲穩部。

二女古部。

蔑思乃部。

麻達里別古部。〔二〇〕

梅里急部。

斡魯部。〔二一〕

榆里底乃部。

率類部。

五部蕃部。

蒲奴里部。〔二二〕

闒古胡里扒部。〔二三〕

已上諸部。

〔一〕見上文諸國注〔二〕。

〔二〕粘八葛，金史作粘拔恩，即乃蠻，與賃烈、紕没里同部異譯。

〔三〕本史卷九七耶律斡特剌傳：「壽隆五年，復爲西北路招討使，討耶覩刮部，獲馬、駝、牛、羊各數萬。明年，擒磨古斯。」

〔四〕烏古部人數衆多，分佈亦廣。以下三部皆烏古分部。

〔五〕本史卷七六耶律朔古傳：「天顯七年，授三河烏古部都詳穩。」卷三太宗紀：天顯十一年七月，「蒲割額公主率三河烏古來朝」。卷六穆宗紀：應曆三年八月，「三河烏古遣使來貢」。上文諸國内三河國王府，似即此部重複。

元朝秘史卷七：「成吉思又對阿勒壇、忽察兒二人説：『……你那三河源頭守得好着，休教别人做營盤。』」李文田注：「三河，謂土拉河、鄂爾昆河、色楞格河也。此指黑林王罕所居。本紀叙述此語云：『三河，祖宗肇基之地，毋爲他人所有，』語意不同，若以太祖所居言之，則斡難河、客魯漣河、兀剌河三河也。」

三河烏古即土拉河、鄂爾昆河、色楞格河地區之烏古。

〔六〕敵烈部即上文迪烈德，亦曰敵烈或迭烈德。本史卷一五聖宗紀開泰四年正月作迪烈得。均一部重出。八石烈敵烈部，九石烈部，均是敵烈分部。

〔七〕按本史卷六四皇子表：剌葛爲惕隱，討涅烈部。涅烈即涅剌。

〔八〕按本史卷一二聖宗紀統和七年七月作婆里德。

〔九〕按本史卷六九部族表，「會同六年六月，奚鋤勃德部進白麝。」疑鉏德即鋤勃德，亦即伯德部。

〔一〇〕見注〔六〕。

〔一一〕本史卷八景宗紀：「保寧七年九月，燕頗走保兀惹城。」卷一三聖宗紀：「統和十年二月，兀惹來貢。十三年七月，兀惹等侵鐵驪，遣奚王和朔奴等討之。」卷八五奚和朔奴傳：「駐於鐵驪，秣馬數月，進至兀惹城。」可見兀惹城在鐵驪東。卷一三聖宗紀：「統和十五年正月，兀惹長武周來降。三月，兀惹烏昭度以地遠，乞歲時免進鷹、馬、貂皮，詔以生辰、正旦貢如舊，餘免。」卷一五聖宗紀：「開泰元年八月，鐵驪那沙等送兀惹百餘户至賓州。」檢卷三八地理志二：「賓州，統和十七年，遷兀惹户，置刺史於鴨子、混同二水之間。」松漠紀聞：「嗢熱者，國最小，不知其始所居，後爲契丹徙至黄龍府南百餘里曰賓州。州近混同江，即古之粟末河，黑水也。族多李姓。」許亢宗行程録第三十五程：「漫七離行六十里即古烏舍寨，寨枕混同江湄。」烏舍、嗢熱皆兀惹歧譯。金史卷五五百官志作兀撒惹。元史卷一七四張孔孫傳：「其先，出遼之烏若部，爲金人所并，遂遷隆安。」烏若即烏惹也。本史卷一七聖宗紀太平六年四月，「蒲盧毛朵部多兀惹户，詔索之。」卷二七天祚紀天慶四年十二月，「咸、賓、祥三州及鐵驪、兀惹皆叛入女直。」可見其分布地區及毗鄰各族。

李信報告：「自幽州東行五百五十里至平州，又五百五十里至遼陽城，即號東京者也。又東北六百里至烏惹國，其國用漢文法，使印八角而圓。」

〔一二〕此部及以下二部參上文諸國注〔一八〕小蕃（党項）。

〔一三〕參本書卷三六兵衛志下屬國軍注〔一五〕。

〔一四〕參上文諸國注〔二二〕。

〔一五〕按下文又有白可久部，本史卷三太宗紀天顯十年四月，「吐谷渾酋長退欲德率衆内附」；卷四太宗紀會同九年四月，「吐谷渾白可久來附」。退欲德、白可久均爲吐谷渾酋長名。與前吐谷渾、吐渾重出。或是當時吐谷渾之不同部分。

〔一六〕按本史卷一六聖宗紀開泰八年三月作遥恩拈部。

〔一七〕按本史卷一〇聖宗紀及卷六九部族表並作統和二年三月。

〔一八〕疑指五國、鼻骨德、烏古、敵烈四部。參見本史卷六九部族表重熙二十一年七月。

〔一九〕「三」疑當作五，即五國部。下文五部蕃部，又作五蕃部，見本史卷八二蕭陽阿傳，亦指此五國部。卷九六蕭樂音奴傳：「監障海東青鶻，獲白花者十三，拜五蕃部節度使。」海東青産於五國，五蕃部即五國部。

卷三三營衛志下：「五國部。剖阿里國、盆奴里國、奥里米國、越里篤國、越里吉國，聖宗時來附。屬黄龍府都部署司。」卷一四聖宗紀統和二十一年四月，「兀惹、渤海、奥里米、越里篤、越里吉等五部遣使來貢」。兀惹、渤海均毗鄰同來，不屬五國部之内。其餘三部，各以自己部名來貢，并非合成一體。又卷一六聖宗紀開泰七年三月，規定「越里篤、剖阿里、奧里米、蒲奴里、鐵驪等五部，歲貢貂皮六萬五千，馬三百」。鐵驪爲毗鄰，不在五國之内，或是越里吉之誤。卷一八興宗紀重熙六年八月，「越棘部民苦其酋帥坤長不法，多流亡，詔罷越棘等五國酋帥，以契丹節度使一員領之」。越棘即越里吉，此以五國作一部對待。金史卷一世紀：「景祖稍役屬諸部，自白山以至五國之長，皆聽命。既而五國蒲聶部節度使拔乙門畔遼，鷹路不通。」蒲聶即蒲奴里、盆奴里。通考卷三二七記「五國，曰鐵勒，曰噴訥，曰玩突，曰怕忽，曰咬里没」。除鐵勒爲鐵驪屬鄰部外，噴訥即盆奴里，玩突即越里篤，怕忽即剖阿里，咬里没即奥里米。譯寫未同。繫年要録卷三五：「建炎四年七月乙卯，是日，（徽、欽）二帝自韓城移居五國城，五國城者，在金國所都西樓之東北千里。」

滿洲源流考卷一一引元一統志：「混同江發源長白山，會諸水東北流，下達五國頭城北，又東北注於海。」明一統志卷二五：「五國頭城，在三萬衛北一千里，自此而東，分爲五國。舊傳宋徽宗葬於此。」東三省輿地圖説：「三姓當爲五國頭城，自此而東，乃四國分據也。」至烏蘇里江口，松花江兩岸皆五國部地。

〔三〇〕按本史卷二六道宗紀壽隆二年二月及卷六九部族表並作達麻里别古部。

〔三一〕本史卷一九興宗紀重熙十二年五月，「斡魯、蒲盧毛朵部二使來貢失期，宥而遣還」。

〔三二〕蒲奴里又作盆奴里，五國部之一。本史卷九〇耶律義先傳：「重熙十六年，爲殿前都點檢，討蒲奴里，多所招降，獲其酋長陶得里以歸。」

〔三〕本史卷九七耶律斡特剌傳：「北阻卜酋長磨古斯叛，斡特剌率兵進討。會天大雪，敗磨古斯四別部，斬首千餘級，拜西北路招討使，封漆水郡王，加賜宣力守正功臣。尋拜南府宰相。復討鬧古胡里扒部，破之。」